# 瞬間ヒーリング QEのすべて

THE KINSLOW SYSTEM

## キンズロー・システム 実践ガイドブック

フランク・キンズロー 著
Dr. Frank J. Kinslow
前田まりこ 訳

ナチュラルスピリット

THE KINSLOW SYSTEM
by Dr. Frank J. Kinslow


Originally published in 2013 by Hay House USA Inc.

Japanese translation published by arrangement with
Hay House UK Ltd. through The English Agency (Japan) Ltd.

Tune into Hay House broadcasting at : www.hayhouseradio.com

読者のみなさんへ　大いなる感謝をこめて

# はじめに

こんにちは。この本を手に取ってくれてありがとうございます。この本はあなたの人生に多くの面で、また多くの形で深遠な影響をもたらすに違いありません。ここで少し自己紹介をしたいと思います。私はクォンタム・エントレインメント(Quantum Entrainment 量子の同調。以下、QEと略)の発見者であり創始者です。QEは、ヒーリングを職業とする人をはじめ、世界中の人々にとって当たり前だけれども欠かすことのできない重要な基盤となっている画期的な技法です。QEは技術というより友達みたいなものに感じられるでしょう。それは外側からではなく、心の認識がはるかに及ばない内側の平和と調和の住まうところからやってきます。QEとは、意識の夜明けに最初に芽生えた個としてのきらめき、つまり私たちの最も根源的な本質へと立ち戻ることなのです。それは人間としての共感のなかで、神秘的でありながら当たり前の、そして精妙でありながら圧倒的な実感に目覚めることです。それはあなたのものですが、心臓の鼓動ひとつ隔たったところにあります。

私は普遍的なヒーリング・テクニックを編み出そうとしたわけではありませんでした(QEを発見したいきさつは巻末の「無の物語」に書いた通りです)。けれども私独自の経験と、ものごとを単純化して無用なものは取り去りたいという強烈な願いから、ＱＥというこのプロセスが浮上し、静かな池の底から立ちのぼる水泡のように私の意識に広がったのです。ポン！　その瞬間、ＱＥが誕生しました。それは完璧な形で現れ、混乱と争いと痛みに満ちたこの世界で役目を果たす準備ができていました。つづいて、目覚めた人生の普遍的な原理がやってきました。それは私たちを制限された人生の向こう側へ、つまり今まで当然のように受け入れてきた集合的苦しみの向こう側へと導いてくれるものでした。ＱＥの基本ツールと、普遍的な原理、そして日常生活への応用はこのキンズロー・システムの３本柱となります。

ＱＥの基本ツールは、自分自身を人生の苦悩や葛藤から引き上げるだけでなく、まわりの人々にも新たな喜びを提供するものです。人類はまだ進化し終えていません。静寂のなかでこの世界の人々の魂に揺らめき燃え上がる苦しみを見るとき、私たちにはもっと先があるとわかります。ＱＥとキンズロー・システムは暗闇と美のあいだの岬に立ち、あなたの心からの包容を待ち望んでいます。私たちはまず内側へと退き、自分自身の内なる神性を受け入れなくてはなりません。手を伸ばし、その光に触れるだけでいいのです。ただそれだけです。

ＱＥの５つの普遍原理は、苦しみから解放され、充足した人生を送るための道しるべとなります。それはどんなことにも当てはまります。それぞれの原理はどれもあなたの日常と、時間と空間を超えた本質的な部分を統合するように働きます。あなたの内なる無限の本質は、ダイナミックで充足した豊かさを生きるうえで揺るがしえない基盤なのです。人生がどれほど混乱し不快なものになろうと、いつでもQE原理に立ち戻ればいいのだとあなたもわかってくるでしょう。

キンズロー・システムは、あなたの潜在的可能性をすべて充分に開花させるために、これらのQE原理を無理なく使えるようにした万全のシステムです。その確かな技法と応用によって、文字通り人生のすべての側面が変わります。素晴らしいことに、QEは努力を要しません。事実、頑張らないのが唯一うまくいく方法なのです。あなたが努力しなくても、問題を感じてさえいなかった部分までが自然と良くなっていることに気がつくでしょう。それは驚きですが、いたって当たり前でもあるのです。

この本には、私の4冊の前著『瞬間ヒーリングの秘密』『クォンタム・リヴィングの秘密』『ユーフィーリング！』（いずれもナチュラルスピリット）および『幸福を超えて *Beyond Happiness*』（未邦訳）に書いた技法やエクササイズをまとめてあります。ただし私は本書を単なる既刊本の焼き直しにはしたくなかったので、新たに5つの章と24以上のQE応用法を書き加え、あなたの人生をさらに活性化させ蘇らせるように全体を再編成しました。あなたは、数知れない気づきの体験へと足を踏み入れることになるでしょう。それらのすべてはあなたの成長を促し、純粋な気づきとユーフィーリングの真価に深く触れ、究極的には私たちが人生と呼ぶ最も貴重な贈り物の純度を高めるように設計されています。何のためでしょうか？　そう、あなたの全体性を生きる情熱に火をつけるためです。

本書は、「私は誰か？ 私はなんのために生きているのか？」という問いに、あなたの存在そのものに直接アクセスして全面的に癒すことで答えていきます。あなたの存在とは、純粋な気づきの〝無〟から、あなたの世界を構成する無数の形あるものまで、すべてのレベルを含んでいます。この本を読むことで、自分の全体性を生きるとはどういうことか、どうすれば全体性を生きられるかがわかるでしょう。つまるところ、私たち人間の99パーセントは人生を半分だけしか生きていないのです。けれども潜在的可能性をフルに開花させるのは、あなたが思うほど難しいことではありません。実際には少しも難しくなどないのです。この本を読めば、それは本当に単純なことだとわかるでしょう。

この本は3部構成になっています。パートⅠでは、まず最初の章で全体性を生きるための5つのQE原理を紹介し、いかに簡単に人生に調和と成長と豊かさをもたらせるかをお話しします。この第1章はまるまる新しく書き起こしたもので、この混沌とした、しばしば薄情な世界で私たちが直面する主要な問題を明らかにしていきます。そしてつづく章では、それらをどう解消すればいいか、苦労を最小にして楽しさを最大にする方法を学びます。第2章以降の大半は『瞬間ヒーリングの秘密』と『クォンタム・リヴィングの秘密』に書いた内容で、あなたがすでにそれらを読んでいれば、おさらいになるでしょう。ただしところどころに新しい部分、たとえば「1分間瞑想」の章などが加わっているので注意してください。パートⅠにはQE体験の主軸となるふたつのツール、「QE3点法」と「リファインドQE」を中心に、それらを補うシンプルで楽しいエクササイズを載せてあります。

次のパートⅡでは、苦しみから自由になり、充足した人生を送るための強力な3つのツールを伝授します。「ユーフィーリング」「QE意識」、そしてとりわけ深遠な「QE意図」です。さらにこのパートの最後に新しく追加された「完璧な人間関係をつむぐ」の章では、人と人のあいだの神秘を探求しマスターするという素晴らしい冒険に乗り出し、自然で愛ある人間関係を築くための簡単で効果的な3つのステップを身につけます。

パートⅢでは30以上ものQE応用法を体験し、楽しむことができます。このパートのほとんどは、はじめて印刷媒体で紹介するものです。たとえば、空腹と過食のためのQE、コンピューターQE、ユーフィーリングを嗅ぐ、対人関係の不調和、旅行、子どものストレス解消、眠りと不眠、気分観察、そのほか盛りだくさんです。こうした新たな応用法はあなたの日常に生き生きとした展望を切り開き、新鮮さを吹き込むでしょう。そして最後のふたつの章、「QE実習グループを開く」と「QE90日間プログラム」は、この本にちりばめられた珠玉のごとき完全性をひとつに束ねる糸となります。

はじめて私の本を読む人は、まずパートⅠの技法をすべて順番通りに読み、ぜひ実際にやってみてください。それから、少なくともパートⅡの「QE意図」と「感情的苦痛のためのQE意図」を読むことをお勧めします。あとは自由に好きな章を好きな順番で読んでけっこうですし、部分的に読み飛ばしてもかまいません。

この本のポイントは実際に体験することにあるので、哲学的議論は最小限にとどめました。まさに、本書のすべてが進化のための実践的ガイドブックです。どうぞあなたもこの本を使って、QEを楽しんでください。いつのまにかあなたの人生は、変化と成長と豊かさの確実な原理に根ざしたものになっているでしょう。

私はこの本をとても楽しんで書き上げました。あなたがこれを読んでくれることにわくわくしています。この本を友として、あなたの内側から生きる喜びと楽しさ、あふれるほどの豊かさが湧き出してきますように。それはあなたのものであり、すべての人々と分かち合われるべきものです。遊ぶように気楽にやってみてください。それはあなたを包み、全体性を生きる喜びを静かにささやくでしょう。

フロリダ州サラソタにて
フランク・キンズロー

瞬間ヒーリングQEのすべて〈キンズロー・システム実践ガイドブック〉＊もくじ

## パートⅡ　ユーフィーリングとＱＥ意識、ＱＥ意図　117

パートⅢ　ＱＥを日常生活に応用する　233

パート I

# クォンタム・エントレインメント（QE）とは

# 1章
# 全体性を生きる

あなたが人生を半分にしか生きていないとしたら、どうでしょう。すでに持っているものに気づくだけで能力や才能をはてしなく発揮できるとしたら？　今日から人生を100パーセント生きられるとしたら？　興味がありますか？　そうだといいのですが。なぜなら成長することは生命の自然でのびやかな姿だからです。生きる意味や目的を探し求め、経験を深め、最終的に人生というこの素晴らしい交響曲《シンフォニー》で自分が奏でるメロディを発見したいと思うのは、人間として健全で当たり前のことなのです。

いまあなたが手にしているこの本は、どうすればそれができるかを伝えています。それはあなたを人生の〝向こう側〟へと導きます。そこはほとんどの人にとって肥沃なのに休耕地となっているのです。この〝向こう側〟に出たとき、あなたは見失っていたものに出会うでしょう。そして全体性の新境地から、健康や豊かさや幸福の種を蒔くのです。

いまから学ぶのは神がかりや非現実的な夢物語ではありません。この技法は科学的観測と直接体験および共通認識にもとづいています。そして、「知識は分かちがたく支え合うふたつの腕から成り立つ」という公理に則っています。そのふたつの腕とは理解と体験です。この章では強力な自然の法則をお教えしましょう。それらを理解し消化吸収したとき、人生は永遠に変わります。これは根拠のない大風呂敷などでなく、世界中のあらゆる文化で多くの人々が経験している事実なのです。この法則はすべての人に等しく当てはまります。それは全体性を生きる道に、しっかりと私たちを根づかせてくれるでしょう。

本書には、あなたの最も深い望みを見つけて表現するためのエクササイズをたくさん収載してあります。原理は自明で、エクササイズには即効性があります。でも私の言うことを信じる必要はありません。すぐにあなた自身で結果を証明することになるでしょう。このキンズロー・システムの中心をなす技法は「クォンタム・エントレインメント（ＱＥ）」です。物理学めいた名前で難しそうに聞こえるかもしれませんが、たじろがないでください。ＱＥは息を吸うのと同じくらい自然で簡単なプロセスです。あなたがこの文章を読んでいるなら、始めるために必要なものはすべてもうそろっています。

ＱＥというシンプルな技法を通して、あなたの意識は速やかにより深い意味と認識へと向かうでしょう。すぐに自分の本当の望みや究極のゴールにつながるようになります。ちょっと注意を向けて取り組んでみるだけで、その結果にびっくりするはずです。

## 普遍的調和の原理

人生はバランスです。人生はあるがままで完璧です。この言葉はきっとあなたも耳にタコができるほど、繰り返しあらゆる言い回しで聞いてきたことでしょう。でもこの言葉が意味する深さを本当に理解しているでしょうか。

ふつう私たちがバランスのとれた人生とみなしているのは、働き過ぎず、余った時間とエネルギーを家族やレジャー、精神的な豊かさや自分のために上手に配分して使う生活のことです。しかし結局のところ、これはものごとの一面にすぎません。表面上の相対的なバランスでしかなく、明らかに私たちの生産性を下げています。しかもさらに深刻な問題は、それによって人生の質まで落としてしまっていることです。

ひとたび真のバランスというものを知れば、毎日の生活のなかで驚くほど簡単にそれに気づくようになるでしょう。なぜならバランスのとれた人生とは、もともと人間にとって自然で当たり前のものだからです。そのための道具はすでに持っているのですが、ただそれを正しく使っていないだけなのです。でも、それももうすぐ変わります。

つぎに示す文章は、拙著『幸福を超えて』のなかから一部を抜粋してまとめ直したものです。これを読むと、「普遍的調和の原理」がどのように有効に働くかがわかるでしょう。

## ふたつの法則

心《マインド》での知覚がわずかに変わるだけで、しばしば人生の混乱の大半が消えてしまいます。みずからに課した苦しみから解放されるように心が変化する単純な法則を紹介しましょう。成人後の私の人生は、シンプルな洞察によるいくつかの原理に導かれてきました。それは私を楽にし、方向を指し示してくれたのです。そのひとつは、次のふたつの法則からなる「普遍的調和の原理」です。

**●生命とは調和である。**

見た目にはとてもそうは思えなくても、宇宙にはつねに秩序があります。

そしてもうひとつの法則はこうです。

**●世界は自分が見ている通りではない。**

どんな状況であれ、私たちがその状況のすべてを知り、感じ、理解することはできません。すなわち、自分が把握しているのはつねに世界の一部分でしかないのです。

この単純な原理は、私の個人的な進化に深い影響をもたらしました。もし世界が調和していないのだとしたら、私は苦しみや制限を当たり前として受け入れていたでしょう。そして、もし自分は世界のすべてを把握していると信じ込んでいたら、「私は正しい」と感じていたことでしょう。私は何かにつまずいたり引っかかったりするたびに、生きることは本来は喜びに満ちたもので、その現実の全貌を自分の知覚がとらえていないのだと心に刻みました。

そうすると、すぐに舞台裏が見え始めました。このふたつのシンプルな法則は徐々に説得力を増し、私の握り締める力をゆるめていきました。私はただ流れるメロディのように人生を通過させるようになったのです。実際、音楽はいい比喩です。音楽の楽しみを最大限に享受できるのは、メロディが川のように意識のなかを流れていくときです。どれかひとつの音にしがみつけば、曲は止まり、全体としての共同作用は失われます。私たちの人生は音楽のように自由に流れるべきものです。人や意見や物事にしがみつけば、流れは堰き止められ、メロディを台なしにしてしまいます。

あなたと私は同じであり、そしてまったく違います。私たちは、〝同じ〟であることを通してつながっています。〝違い〟は同じであることに甘味を加えます。この両極が釣り合うとき、すべてが生きてくるのです。このことは全体性を豊かに生きるための常套句のように言い習わされてきましたが、ここで言うのはあなたがそれを忘れているかもしれないからです。

私がこれらの原理に沿って生きているのは、それが頭でっかちな哲学ではなく、幼少期の体験に根ざしているからです。まだ時間の概念さえなかった子ども時代、人生に成功するための「必要で実用的な手段」で空間が埋めつくされてしまう前の私にとって、それはかがり火のようなものでした。あなたがこれらふたつの単純な法則の有効性を確かめたければ、忘れたことを思い出そうとはしないでください。過去の記憶や未来への希望が頭をもたげる前に、いまいる場所からはじめましょう。

## 動的静寂の原理

「動的静寂の原理」は、動きは静けさから生まれること、エネルギーは無から湧き起こること、秩序は無秩序のなかに内在することを示しています。この原理は見過ごされがちです。なぜなら私たちはものごとの達成に価値を置く傾向があるからです。しかし、万物はみな絶対的な静寂から現れます――宇宙のガスも、単細胞のアメーバも、ボールペンも。そうです、創造されたすべてのものや思考は静寂から生まれているのです。量子物理学はこの静寂、つまり動きのない非エネルギーを「内在秩序」として認めています。それはあらゆる形のもととなる〝形のなさ〟であり、すべての形のあいだにあるエネルギー相互作用であり、創造の炎が噴き出る力です。それは世代を超えて、それぞれの人のあらゆる思考のあいだにある隙間です。

この途方もない原理は、理解するだけでは不充分です。制限のない非エネルギーに直接触れてこそ、調和と創造の力を引き出すことができるのです。もうすぐあなたも体験しますが、この絶対的な静寂に直接触れる能力は人間に元来そなわっているものです。この静寂に気づくには、ほんの少し知覚を変えるだけでかまいません。身体や心を通さなくても、ただ気づくだけで触れることができます。絶対的静寂に対する無心の気づきは、私たちの基盤そのものを並外れた調和、健康、愛へと変容させてしまうのです。

## 休息と回復の原理

「休息と回復の原理」とは、静寂に気づくようになると人生はおのずと望ましく組み立てられていく、というものです。すでに述べたように、人生には動的側面と静的側面があります。静的側面に気づいているとき、動的側面では豊かさが増します。従来、私たちは行動ばかりに価値をおき、静的側面を無視してきました。休息といえば毎晩の睡眠や、コーヒー片手に新聞をめくる静かな時間などを連想するかもしれません。でも、それでは全然足りないのです。

おそらくあなたも産業社会に生きて、活動することに夢中になっているでしょう。ちょっと考えてみてください。1日のうちで何もしていない時間はどのくらいありますか。もし何分か時間が空いたら、それをもてあますのではないでしょうか。たとえば約束の時刻に相手が遅れたせいで、思いがけない空き時間ができたらどうでしょう？ 何かすることを探し始めませんか？ 本や雑誌を手にとって読み始めたり、携帯電話のメッセージを確認したり、ただじっと座って待っているのが退屈でメールを打ち始めるかもしれませんね。でも、このキンズロー・システムを知っていれば決して退屈することはありません。

どういうわけか、つねに動き続けていなければならないという思いが私たちの心には根深く埋め込まれています。何もしないでいると、時間を無駄にしているような気がするのです。自分自身のために時間を使うことにやましささえ感じる人もいるでしょう。

「それは当然だよ」とあなたは反論するかもしれません。「効率よく生きるにはそうするしかないでしょ？　つまるところ自然は空白を嫌うのさ」と。自然界では真実でも、それはあなた本来の性質ではありません。

はじめに私は、成長は私たちの自然な姿だと言いました。けれども全体性を生きるとはどういうことか知りたければ、思い切ったところから始める必要があります。つまり絶対に真実だとわかっているのに、いままで甚だしく見過ごされてきたことです。そう、私たちは休まなくてはならないのです。

多くの人は活動すればするほど成功すると思っています。一生懸命に長時間働くことが、望むものを手に入れる最善の道だと信じているのです。しかしその考えは間違っています――もしあなたが人間関係の破綻や、のしかかる健康問題や、ストレスまみれの人生を望むのでないかぎりは。成功とは、その最も奥深いところで休息を拠りどころにしています。これはどういう意味でしょうか。単に、休息している身体と心は、休息していない身体と心よりも生産的だということです。では休息とはどういう意味か、ですって？　よく聞いてくれました。

人間の休息には一般的に3つのレベルがあると考えられてきました。目が覚めている状態での休息、夢を見ているときの睡眠、そして深い睡眠です。目が覚めているときの心と身体は、深く眠っているときよりずっと活動的です。夢を見ながら眠っているときの心と身体は、目が覚めているときほど活動的ではありませんが、深い眠りの状態ほど休んではいません。1970年3月

27日の『サイエンス』誌で、ロバート・キース・ウォレス博士は4番目の休息状態を発表しました。それは深い眠りより、さらにもっと深い休息レベルです。彼はこれを「覚醒した生理学的低代謝状態」と名づけましたが、ここでは簡単に「最も深いレベルの休息」と呼びましょう。興味深いことに、この最も深いレベルの休息では、ただの深い眠りの状態とは違って、それを体験しているあいだ実際には心がとても敏感になっていたのです。

のちの研究でウォレス博士は、この最も深いレベルの休息が私たちの身体と心に、そして生産的で充足した人生を送るために非常に有益であることを明らかにしました。しかも私たちがこの最も深いレベルの休息を意識するようになると、自然にほかの3つのレベルの休息にバランスがとれてくることを証明したのです。すなわち、この4番目の最も深い休息状態を体験することは、私たちにとって贅沢なわけではなく、不可欠なのです。すでにお話ししたように、全体性を生きるにはバランスが必要です。

さて、あなたは次にこう聞くかもしれません。この最も深い休息を体験するためには何をすればいいの？　脚をプレッツェルのように組んで座るの？　毎日10マイル走る？　それともポジティブシンキングの練習？　答えはノー、ノー、ノーです。あなたがある休息レベルから別の休息レベルへ移るとき、それは身体と心の自然な機能によって起こるのではありませんか？　疲れて眠りたいとき、あなたは動くのをやめるだけで自然と眠りに落ちます。深い眠りと夢を見る眠りを行ったり来たりするのも、そうしようとしなくても当たり前にできます。充分な休息をとると、自然に目が覚めます。この最も深いレベルの休息もやはり自然なものですから、なんの努力もいらないプロセスなのです。

努力がいらない、というのは自分でやろうとしなくてよい、ということです。眠ろうと努めたことはありますか？　そのとき、眠ろうとすればするほどますます眠れなくなりませんでしたか？　この最も深い休息の体験も、まさに同じです。あなたが体験しようとすれば、この状態は起こりません。

「でもやろうとしないで、どうやってできるの？」と疑問に思うでしょう。

ここでクォンタム・エントレインメント（ＱＥ）の登場です。ＱＥは、目覚めている状態からどのように最も深い休息レベルへと自然に移行するかを教えてくれます。さきほど述べたように、これは人間に自然に起こることなのですが、私たちは長いあいだ無視してきました。ほんとうなら両親や教師から教わるところを、そのまた両親や教師たちも知らなかったので誰も教えられなかったのです。それについては本書の後半でまた論じますが、とりあえずいまは、この最も深い休息レベルを見つけて体験することに話を絞りましょう。

自然に眠りに落ちる前、あなたは自分が疲れていることに気づいています。眠りから目を覚ますときも、睡眠が終わって1日を始める時間だと気づいています。ここでは眠っているか目覚めているかでなく、眠りから目覚めへ、目覚めから眠りへと移るとき、何に気づいているかに注目します。〝気づき〟について少し説明しましょう。

目を覚ましているときの一番の特徴は、意識がある、すなわち〝気づいている〟ということです。深い睡眠や夢を見ているときのほとんどは無意識です。もしあなたも多くの人と同じなら、目覚めているあいだ、あなたの〝気づき〟は心の中をさまよい、思考で埋もれているでしょう。そして何らかの刺激があなたの注意を引きつけるまで自動操縦のように動き続けるのです。車を運転するのと似ています。運転しているとき、あなたの心はたいていどこかへ行っています。前の車のブレーキランプが赤く点灯するのを見た瞬間、あなたはいまここに気づきます。

〝気づき〟は最も深い休息レベルに入っていくための出発点でもあります。ある意識レベルから別の意識レベルへと移行するとき、じつはそのつど最も深い休息状態を経ているのです。目を覚ましている意識から眠りの意識に移るとき、または眠りの意識から夢を見る意識に移るとき、つねにあなたは最も深い休息レベルを通って移行します。これを3つのプールに例えてみましょう。ひとつはスイミングプール、ふたつめはホットタブ、3つめは感覚を遮断するアイソレーション・タンクです。

スイミングプールは目が覚めている活動的な意識状態です。そして心身を1日の緊張から解放してくれるホットタブは夢を見ている意識状態、アイソレーション・タンクは深い眠りの状態を表わしています。ひとつのプールから他のプールへ移りたければ、いま入っているプールを出てから他のプールに入らなくてはなりません。たとえばスイミングプールからホットタブへ移るには、まずスイミングプールを出て、それからホットタブに入ります。同じようにホットタブからアイソレーション・タンクへ移るときも、そこを出てから次のプールに入ります。単純な話ですね？　プールとプールのあいだにいるとき、あなたはそこにいますが、3つのプールいずれの恩恵にも浴していません。プールからプールへの移動中は宙ぶらりんな状態というわけです。この比喩は、最も深いレベルの休息がどこで見つかり、どのようにそれを体験するのかを理解する助けになります。

眠りに落ちる寸前、心の中にいつもの考えや感情がないのに気づくことがあるでしょう。その瞬間、心は目覚めているのに何も考えていないという宙ぶらりんの状態にあります。これはかすかで儚《はかな》い、つかの間の気づきです。深い眠りの無意識にゆっくりと溶け込んでいく前の、静かでやすらかな状態です。自然に目が覚めたときも、心がその日すべきことを忙しく考えだす前に、この静かでやすらかな状態に気づくかもしれません。こうした思考のない穏やかな意識状態は、3つのプールの比喩で言うと、ひとつのプールから別のプールへ移動しているあいだのようなものなのです。ある意識レベルから別の意識レベルに移るとき、私たちは毎回、この純粋な気づきのやすらかな状態を経由しています。いいネーミングですね。純粋な気づき《ピュア・アウェアネス》。ここから先は、この最も深い休息の意識状態を〝純粋な気づき〟と呼ぶことにしましょう。

さて、4つの意識レベルはもうわかりましたね。目を覚ましている状態、眠っている状態、夢を見ている状態、そして純粋な気づきの状態です。次の章からは、〝純粋な気づき〟にどうやって気づき、どう使って人生のバランスをとり、全体性を生きればいいかを学んでいきます。でも急がないでください。その前に、基本的な原理をもう少し紹介しておきたいと思います。純粋な気づきからくる深い休息が、どれほどバランスのとれた活動的な人生を支えてくれるのか見てみましょう。

## 進化の原理

「休息と回復の原理」があなたの生活の一部になると、自動的に「進化の原理」が働き始めます。それはつまり、人生に静寂を招き入れるにしたがって活動に秩序とダイナミックさが出てくるということです。

その影響として、次のふたつをはっきり感じるでしょう。まず、〝純粋な気づき〟に気づくようになると、目覚めの状態、睡眠状態、夢見の状態のバランスがとれ、活動がより秩序立ってダイナミックになります。そして活動が整然として力強くなるほど、ものごとがうまくいく程度は飛躍的に高まり、しかもより容易に素早く成し遂げられます。こうした「進化の原理」は実際にどう働くのでしょうか。

私たちは夜間の睡眠が足りないと、昼間の活動の効率が悪くなり、楽しさも半減します。しかし夜のあいだに充分回復するだけよく眠ればその逆です。疲れていると必死でこなさなければならないような仕事も、たっぷり睡眠をとっていれば手早く正確に片付けることができます。休息が充分ならネガティブにもなりにくく、時間はあっという間に過ぎ去り、気がつけば鼻歌まじりで生き生きと楽しげに動き回っているかもしれません。これは深い休息が結果的に力強く充実した活動をもたらすという一例です。事実、休息が深くなればなるほど活動はエネルギーに満ちてくるのです。これまで私たちの知る最も深い休息とは深い睡眠でしたが、ウォレス博士によってさらに深い休息レベルが解明されました。じつはその〝純粋な気づき〟も、ほかの3つと同じく自然な意識状態だったのに、私たちはすっかり忘れてしまったようです。そこでQEの出番となります。

QEをすると、あなたは純粋な気づきを思い出します。目が覚めている状態で、純粋な気づきに意識的に気づくようになるのです。これはやや不正確な表現ですが、いまはわかりやすくするためにこう言っておきましょう。実際に純粋な気づきを体験し、エネルギーや生産性の高まりに準備ができたら、もう少し詳しく説明します。

ポイントはこうです。ある意識レベルから別の意識レベルへ移行するとき、私たちは毎回つねに純粋な気づきを体験しています。でもそのことに気づいていなければ、それを素晴らしい豊かさや生産力や楽しさのために役立てることができません。のどが渇いているのに、井戸の冷たい水にコップをさかさまに突っ込むようなものです。それでは水は飲めません。〝全体性を生きる〟というコップを満たすには、〝純粋な気づき〟に気づく必要があるのです。これを教えているのがQEです。目が覚めている状態でQEをすれば、すぐさま純粋な気づきに気づくことができます。QEをすると、自分が毎日考えたり行動したりしながら、最も深いレベルの休息を体験していることがわかります。それでどうなるのでしょう？　人生が完全なものになるのです。つまり人生の動的側面の支えとして、〝純粋な気づき〟という絶対的静寂を呼び入れるのです。私たちはもはや熱に浮かされたように活動に駆り立てられる、不安定で倒れそうな逆ピラミッドの存在ではなくなります。ピラミッドの底を純粋な気づきの中にしっかりと定着させ、その最も深い休息の基盤からすべてを創造し、生き、愛するのです。

たぶんあなたの次の質問は、QEをして最も深いレベルの休息を体験できるようになるのはどのくらい大変か、ということでしょう。答えは、まったく大変ではありません。純粋な気づきとは自然な状態であることを思い出してください。必要なものはすべてそろっています。いままでやったことがないからといって新しい体験が不自然だとは限りません。ほんとうは、純粋な気づきに気づくより、気づかないでいるほうが難しいのです。考えてもみてください。疲れているときに眠りに落ちるのはどのくらい大変ですか？　全然ですよね？　ただじっとして横になっていれば眠りがやってきます。あなたは眠りにふさわしい状況を整えるだけで、あとのことは自動的に起こります。純粋な気づきに気づくのも、まったく同じなのです。

QEをするときは、純粋な気づきを体験するために最適な環境を準備します。QEは眠たい人にベッドを差し出すようなものです。横になれば、眠りに落ちるのに努力はいりません。同様にひとたびQEを始めれば、純粋な気づきを体験するのに努力はいりません。では、あなたが純粋な気づきに気づくようになったとしましょう。次はどうするのでしょうか？ 答えは……何もしません。そうです！ いったん純粋な気づきに気づいたら、ほかに何もしなくてよいのです。あなたが何もしなくても深い眠りや夢を見る眠りが身体と心を回復させるのと同じで、純粋な気づきに気づくと努力しなくても自然にそして完全に人生を癒し、エネルギーで満たし、整えてくれるようになるのです。これは驚くべきことだと言う人がいます。でも私にしてみれば、人生の静的側面を無視し、どこまでも増えていく活動とそれによる苦しみを受け入れてきたことのほうが、ずっと驚きに値します。

もう少し続けましょう。いましばらくおつきあいください。この話をおしまいまで聞いてもらえばわかります。たとえば、あなたは眠り方を教わったことがないとしましょう。そしてより多くの仕事を成し遂げるため、どんなに疲れていても働き続けるよう奨励されたとします。眠るのは時間の無駄で、時間は世の中で実用的なことを達成するためにあると教えられます。あなたはその通り、休みなくひたすら活動することを自分に強い、睡眠による回復を心と身体に与えようとしません。睡眠を取り上げられ、喜びのない努力の結果、人生のあらゆる側面がバランスを崩します。消化器に問題が生じ、体重は増え、ついに心臓病か糖尿病になります。思考力は鈍く、弱く、散漫です。つねにイライラして怒りっぽいか、うつになります。何時間もテレビを見たり、食べ過ぎたりアルコールやドラッグに溺れたり、さらにおかしなことには、もっと忙しい活動にのめり込んだりするのです。ゆっくり落ち着いて腰を下ろし、人生の静かな喜びを楽しむことはできません。人間関係に費やすだけのエネルギーと時間がないため、誰とつきあってもうまくいきません。いつも何かしていなければならないと感じます。何もしていないと大きな空虚感に襲われるからです。覚えがありますか？　そうでしょう。いま述べたのは、現代の産業社会で毎日スピードと多忙さに押しつぶされそうに生きている人々の姿なのです。

いうまでもなく、これが常軌を逸した症状、ゆがみであることはおわかりでしょう。一晩の良質な睡眠くらいでは、自然と癒されるにはほど遠いこともわかりますね。毎日充分な睡眠がとれてこそ、はずむようなエネルギーと生きる情熱が蘇り、あなたの世界をあますところなく満たすのです。

あなたの治癒力を引き出すためにすることとは、目を覚ましている活動状態と、相対的な休息状態である夢見や深い眠りとのバランスをとるだけです。そうすればものごとは自然とうまくいき、努力なしに調和が育っていきます。あなたが人間関係を良くしようと働きかける必要はありません。なぜならそこに欠けていたのは、バランスのとれた人生からくる愛のエネルギーだったからです。身体と心は、充分な睡眠による癒しの力に即座に応えます。怒りっぽさや憂うつ感は消え、すべてが癒され始めます。人間関係も、仕事も、家族も、身体も心も魂もです。

おわかりのように、原因が睡眠不足なら、それぞれの問題に個別に働きかける必要はありませんね。活動しすぎの人生に睡眠を加えるだけでバランスがとれ、問題はおのずと消えていきます。純粋な気づきに気づくのも、まさにこれと同じです。純粋な気づきがなければ、目を覚ましている状態、夢見の状態、深い眠りの状態の相対的なバランスはとれません。意識が全体性を帯びるには、純粋な気づきが必要なのです。眠って夢見ることで疲労や過剰活動が自然な状態に回復するように、目覚めの状態、夢見の状態、深い睡眠状態のバランスは、純粋な気づきに気づくことで整います。純粋な気づきに意識的に気づくようになると、あなたのなかで自動的に癒しの力が開花し、人生の問題はやがて消えていくのです。

そのためにはどこから始めればいいでしょうか？　そう、ＱＥをすることからです。ＱＥはあなたの意識をたやすく純粋な気づきへと導き、内側と外側のあらゆる分野の活動にバランスをもたらします。そうなれば、つぼみだったあなたの世界が全体性を生きる光と喜びにむかって花開いていくのをゆったり見守ることができるでしょう。

## 目覚めた人生の原理

あなたが活動しながら静寂に気づいているとき、すなわちＱＥ意識にあるとき、あなたは自分自身とも万物とも完全に調和しています。それが「目覚めた人生の原理」です。その瞬間、あなたは全体性を生きています。活動と最も深い休息である純粋な気づきが釣り合うとき、あなたは充足へと成長するのです。

人間の進化の行き着くところは充足です。充足をみることで人間としての進化は完了します。

充足とは、知的・感情的・肉体的・精神的・社会的その他あらゆる現実レベルにおいてバランスがとれている状態です。人類がバランスを欠いた種だということはほとんどの人が同意するでしょう。バランスを欠いている理由のひとつは、私たちが進化というものをきわめて限定的かつ表面的な尺度でとらえていることです。一般的な進化の定義には、継続的な科学的革新、基本的人権の世界的な広がり、飢餓と病気の根絶、富の増加、戦争の撲滅などが含まれます。確かにこうした分野での成長も進化の証《あかし》ではありますが、それらは限られた一部にすぎません。たとえこの100年間の驚嘆すべき科学技術の発展、世界的な人権運動の高まり、飢餓と病気の減少といった飛躍的進歩をすべて合わせてみても、真に充足した個人、つまり内なる平和と外なる成果の完璧なバランスを身につけた人間を見つけるのは簡単ではありません。

充足とは私たちの外側でなく内側にあります。実のところ、充足は人間の生まれながらの性質なのです。充足を得るために必死で働いたり最新の技術を学んだり、もっとお金を稼いだりする必要はありません。充足は外部の源泉や資源を当てにして得られるものではないのです。確かに、それらによって充足を感じることはありますが、それを頼りすることはできません。充足は人間に特有のものであり、この本はあなた自身に充足を実感してもらうために書かれています。先に進む前に、少し充足について考察し、どうやってそれを簡単にあなたの人生にとり入れるのかをお話ししましょう。

深い休息をとると、より活発に動けるばかりか、もっと調和した行動がとれるようになります。

いままで述べた原理と同様、この原理も普遍的なものです。すべての存在は、いわば休息と活動という二足歩行で進化発展します。あらゆるものごとやプロセスがこの原理のもとに成り立っています。休息と活動のサイクルは、宇宙を創造し維持している基本的なエンジンなのです。あなたも日々の活動でこのサイクルを直接体験しています。心臓は収縮と弛緩を繰り返していますね？　息を吸ってから吐くあいだ、ふと静寂に気づくことはないでしょうか。1日働いたあと、身体は休まずにいられないでしょう。問題に集中する必要があるとき、元気が出るような楽しい気分転換を随時とり入れると頭は効率よく働きますね。夜の静寂は朝日に切り開かれ、そこから騒がしい1日が始まります。地球は冬に休み、夏に成長します。休息と活動のサイクルは、すべてのプロセス、すべての存在に見て取れます。

「進化の原理」もまた、目に見えるものの背後で私たちの五感を超えて働いています。それは創造の最も基本的なレベルにおいて波として見ることができます。波は上がり、そして下がります。いちばん高く上がって次に下がり始める直前、波は一瞬休止します。思い出してください、ブランコをこぐ単純な動きがどれほど楽しかったでしょう。子どもの頃、上に向かってこいだときの空が迫ってくるスリルを覚えていますか？　頬に風を受け、思いきり笑って歓喜の声を上げたことを。身体が宙に浮く瞬間、あなたは無重力になり、ブランコのロープをぎゅっと握りしめましたね。すると即座に重力があなたを引き戻し、今度は逆向きのサイクルが始まります。動きが勢いを止めるたびに訪れる完全な休止の瞬間――これが波の喜びです。

波はつまるところ活動でも休息でもありません。完全な波は、活動と休息の両方を含みます。波は素粒子、原子、分子と形成を続け、そこからはてしない物質とエネルギーが生み出されます。その全貌は私たちにはとうてい計り知れません。すべては波からできています。すなわち、あらゆるものは休息と活動に存在をゆだねているのです。木も岩も人間も、存在し成長し続けるには、休息と活動のバランスという単純な公式に従わねばなりません。逆らったところで熱力学の第二法則には勝てず、徐々に存在を弱め、やがて消えてしまうことになります。

あなたはこう言うかもしれません。「月の石とかアップルパイにこの原理が当てはまるのはわかったけれど、それが私たちと直接どんな関係があるの？」

お答えしましょう。休息と活動は、あなたの幸せや生産性や充足感に直接影響します。私たちは五感を通してこの世界を認識し反応しています。私たちの感覚機能は創造の精妙なレベルから見ればずいぶん大雑把なものです。分子や原子そのほか創造の基本的構成要素の多く――それらは波からできていますが――は私たちの感覚では捉えられません。それらの働きは、最終的に形となってはじめて私たちにわかるのです。たとえば、山、人々、銀河、それに何よりありがたい温かいピザなどとなって。

五感は心《マインド》と結びついています。心の活動は本質的に波のようなものであり、それゆえ身体感覚よりも精妙です。脳の活動を計測すると、精神活動の原因もしくは結果として脳波が現れます。精神活動の性質は波のようなものであるため、創造の最も基本的な単位である波そのものと馴染みやすく、自由に関わるのです。あなたの心は、外界の形あるものと、純粋な気づきという形ないものをつなぐ橋です。ほとんどの人はこの橋が外側へ向かうだけの一方通行になっています。QEはいわばその橋の上に立つ標識で、あなたを人生の静かな側面、純粋な気づきへと戻すように導きます。純粋な気づきに気づくようになったとき、あなたは最も深い休息の地にむかって橋を渡り、その無限のエネルギー、調和、知恵を引き出すのです。そしてふたたび橋を渡って戻ってくると、そのエネルギーや調和や知恵を、目が覚めた状態、深い眠りの状態、夢見の状態のそれぞれで使うことになります。

こう言うとわかりやすいかもしれません。純粋な気づきとは橋を渡った対岸にある銀行のようなもので、あなたはそこに預金口座を持っているのです。この口座は〝純粋な気づき銀行〟の無尽蔵の財源とつながっていて、預金が底をつくことはありません。本質的にはあなた自身が銀行なのです。でも向こう岸でポケットいっぱいに純粋な気づきを満たし、橋を渡ってこの相対的な休息と活動の地に戻ってくると、あなたは遅かれ早かれそれを使い果たしてしまいます。生命の通貨である純粋な気づきが少なくなるにつれて、人生から得られる豊かさや喜びも減っていきます。あなたの潜在力や充足感を充分維持するには、睡眠による回復だけでは足りないのです。

さて、〝純粋な気づき銀行〟から戻ったあなたは、純粋な気づきをそのまま家の金庫にしまいます。毎日、純粋な気づきを少しずつ使って働いたり、愛したり、遊び暮らしたりします。そして毎晩、家に帰ると翌日分の純粋な気づきを引き出します。ほどなく、このままでは手持ちの資金を使い果たしてしまうと感じ、残った〝純粋な気づき予算〟でやりくりし始めるでしょう。そうしたエネルギー切れの兆候とはもちろん、気力の低下、元気が出ない、一生懸命働いたわりに成果が上がらない、人生に向かい風が吹いているように感じる、退屈で不安、病気や怪我、中毒行為の増加、そして何かが足りないような——人生にはもっと何かあるはずだという——欠乏感などです。一般的にいって、純粋な気づきを節約すると、自然な喜びや生きる情熱はこの相対的な世界に存在する制限のせいで堰き止められてしまいます。やすらぎや進化、豊かさや充足感といった人間としての全体性の探求を包括的に支えるには、睡眠で得られる休息だけでは不充分なのです。

　限りあるエネルギー予算を取り払い、〝純粋な気づき銀行〟から直接エネルギーを引き出すには、見かけ上ふたつの財務計画があります。見かけ上と言ったのは、実際にはひとつは幻想だからです。伝統的な教えではよくこんなふうに言われます。毎日〝純粋な気づき銀行〟に通ってエネルギーを満タンにすれば、その日を生きるための純粋な気づきが補充される、と。この教えの穴は、私たちのポケットに穴が開いているのを見逃しているところです。〝純粋な気づき銀行〟からこちらの相対的世界の岩だらけの岸辺に戻ってくるとき、引き出したもののほとんどはポケットの穴からこぼれ落ちてしまいます。そのため、最終的に必要なエネルギーを蓄えるまでには何年も毎日時間をとって銀行を往復しなければならないと感じるのです。なかには何回も生まれ変わる必要があると説く教えもあります。

この幻想は何世代にもわたり信じられてきましたが、次のシンプルな説明で正しく理解し直すことができます。繰り返しますが、私たちの心は本質的に波のようなものです。したがって心はエネルギーについて、そしてエネルギーがどのように形を生み出すのかについて熟知しています。心が理解していない、もしくは理解できないのは、〝純粋な気づき〟の形のない無限性です。純粋な気づきは心を超越しており、それゆえ心では把握しきれないのです。純粋な気づきは銀行に蓄えられているのではありません。純粋な気づきは銀行そのものであり、橋でもあり、あらゆる被造物を超越しています。それは無限であり、ゆえにいつでも、どこにでもあります。そうです、時間をかけていつか豊かになるという幻想を抜け出し、いまここで自分がすでに豊かなのだと気づくことです。いまこそ、私たちは変わることのない真実に目覚めるときです。私たちが純粋な気づきそのものなのです。これについてはあとでまた詳しく述べるので、とても大事なことですが、ここではこれ以上言いません。ただ、純粋な気づきはあなたの心を含むすべての源なのだということを知っておいてください。純粋な気づきはエネルギーと形あるものを包み、支え、そのすべてに浸透しているのです。

たぶんあなたは事の重大さに気づき始めているでしょう。純粋な気づきという最も深い休息状態は、いまあなたがこの本を読んでいるあいだもここにあります。ですから、本を閉じてわざわざ〝純粋な気づき銀行〟まで出かけていって預金をおろす必要はありません。ただ自分が純粋な気づきの億万長者であることに気づけばいいだけです。するとあなたはすぐさま充足した人生を生き始めるでしょう。これは信仰や信念や希望によるふわふわした哲学ではありません。QEは理に適った科学的原理にもとづいており、それに気づいた人には――つまりあなたのことですが――再現可能なのです。この本に書かれているいくつかの体験をするだけで、全体性を生きるということが揺るぎない現実になります。

ここで私が言わんとするのはとても奥の深いことです。どうか注意して聞いてください。唯一あなたに最も知っておいてほしいことです。それを中心に、この本が、そして人生のすべてが繰り広げられているのです。それは、あなたはいつでも――車を洗っているときも、大事な打ち合わせに遅れないよう渋滞を避けて街を突っ切っているときも、農産物市場でルタバガを物色しているときも――最も深いレベルの休息の恩恵を受け取れるということです。純粋な気づきに気づくことは、睡眠や夢見の状態と異なり、活動をやめてそのための時間をとる必要はありません。最も深いレベルの休息と、最もダイナミックなレベルの活動、その両方をひとつに合わせることができるのです。あなたが〝純粋な気づき通貨〟で買いたいと思ったものは、じつはそれ自体が純粋な気づきからできていたのだとわかるでしょう。何かを買う必要も、欲しいものを手に入れるためにエネルギー交換をする必要もないのです。もうすぐあなたは、花にもパンクしたタイヤにも等しく純粋な気づきが映し出されているのを見て取るようになるでしょう。そのときあなたは「進化の原理」を生きているのです。それは人が機能しうる最も深遠で美しい姿です。あなたにはすでに、そうなるために必要なすべてが具わっています。

最も深い休息レベルである純粋な気づきの状態と、最もダイナミックな活動レベルである目を覚ました状態のふたつが融合するとき、じつは5番目の意識状態をつくり出すことになります。それは実際にダイナミックに活動しているさなか、同時に内側でやすらぎや休息を感じるという、独特の意識レベルです。私はこの5番目の意識状態を「QE意識《アウェアネス》」と呼んでいます。人間の最も肝心かなめで本質的なこの意識状態については、あとの章でまた詳しく説明し、それをすばやく体験して穏やかに人生に統合していくやり方をお伝えしましょう。

さて、あなたがすでに持っているものを手に入れるために、一生かけて、あるいは何回も転生を繰り返して待つ必要がないのはわかりましたね？

「わかったよ、説明はもういいから、早く全体性を生きる方法に取りかかりたいんだけど」という声が聞こえてきそうです。

私も同感です。まず理解してから体験するという従来の学習法にならえば、最初の理解に必要な説明はここまでで全部です。次のステップは簡単な体験で、つづいて短い説明があり、そしてより深い体験をしてまた少し説明が入り、さらにもっと深い体験へ……というふうに進みます。パートⅠとパートⅡは順番通りに読むことをお勧めします。1ステップずつ進むことで、徐々に最も深遠な体験へと導かれるように構成されています。パートⅢへ進む頃には、全体性を生きるための基本が身についていますから、興味のある項目を選び、好きなところから読んでいってかまいません。

私はこうしてお話しできて楽しかったですし、あなたの人生全体に具わる本質的な叡知を早く分かち合いたくてうずうずしています。あなたが自分自身の本質である美と力と喜びに目を向けてくれたら本望です。あなたのために、あなたの輝く内なる自己を見いだしてください。絶対的な確かさとともにあるという至福を知ってください。芽生えようとする貴重な気づきを見失うことなく、皆と分かち合ってください。純粋な気づきはそれぞれの人に異なった形で映し出されます。それは独自のやり方で語りかけ、人々に分かち合うよう誘《いざな》います。このばらばらに断片化された世界で、あなたは内なる自己を輝かせ、全体性を生きることのやすらぎ、喜び、素晴らしさを無言で語るようになるでしょう。

## 全体性を生きるためのQE原理

**1　普遍的調和の原理**

人生とはバランスであり、あるがままで完璧である。そこにあるふたつの法則は、

・生命とは調和である。

・世界は自分が見ている通りではない。

**2　動的静寂の原理**

動きは静寂からやってくる。エネルギーは無から湧き起こる。秩序は無秩序のなかに内在している。

**3　休息と回復の原理**

静寂に気づくようになると、人生はおのずと望ましく組み立てられていく。

**4　進化の原理**

人生に静寂を招き入れるほど、活動は整い、エネルギーに満ちてくる。

**5　目覚めた人生の原理（QE意識）**

活動しているさなかに静寂に気づくと、その瞬間、自分自身およびあらゆる存在と完全に調和する。そのときあなたは全体性を生きている。

# 2章　毎日ミラクル

人さし指の先をひたいの真ん中に軽く当ててみてください。その感覚に意識を集中します。ひたいに当てた指には何が感じられますか？　そして、ひたいには人さし指がどう感じられるでしょうか。指は温かい、それとも冷たい？　肌は乾燥していますか、脂っぽいですか？　指は脈打っていますか？　ひたいには脈が感じられますか？　静かに、でもはっきりと、指とひたいが触れあう接点で何が起こっているかに注意を向けてください。これを30秒行います。

さて、いまどんな感じでしょうか。身体はさっきよりもリラックスしていますか？　心は少し穏やかになっていますか？　きっと散漫だった心は落ち着き、より集中した状態ではないでしょうか。いまの段落を読む前、あなたの思考は忙しく活動していましたね。この本で何が学べるのか期待していたかもしれないし、さっき食べた、もしくはこれから食べるご馳走のことを考えていたかもしれません。少し前の友人との会話について、あるいは来週の旅行の準備について思いをめぐらせていたかもしれません。でもこの単純なエクササイズのあいだ、あなたの心は純粋にいまにありました。あなたの気づきは単純でまっすぐでした。その結果、あなたの身体はくつろぎ、心は落ち着いたのです。なぜでしょう？　わずかな気づきの転換が、どうしてこんなに早く身体と心に明らかな変化をもたらしたのでしょうか。

ええ、疑問は大歓迎です。ぜひシンプルで奥深いこの本を読み進めてください。あなたは気づきの力をどのように使って人生のあらゆる面を変容させるのかを学ぶことになります。そうです。健康、お金、恋愛、仕事、スピリチュアルな探求など、すべての面が生き生きとして満たされるのです。あなたがすべきことは、どう気づくかを学ぶだけです。学ぶといっても、それはあなたが最も簡単にできることです。

どのように気づけばいいのかさえ正しく身につければ、ひざの筋違え、頭痛、消化不良、関節痛といった身体の問題を癒すだけでなく、嫉妬、悲嘆、心配、恐れなどという感情の問題も鎮めることができます。お金や人間関係やセックスに振り回されることもなくなります。ペットにも効きます。QEのプロセスは簡単で科学的で、やさしく学べてすぐに効果がわかります。座って瞑想する必要もないし、窮屈なポーズをとる必要も、複雑な呼吸法を覚える必要もありません。グループに所属したり会費を払ったりすることもありません。効果を信じる必要さえないのです。信じることを超えているからです。それがクォンタム・エントレインメント（QE）です。それは世界中の人のハートと頭を開いて、〝純粋な気づき〟の調和の力をたやすく体験できるようにします。

注目してもらえたでしょうか。手にしていたターキーサンドイッチを置いて、口の端についたマヨネーズを拭き取りましたか？　それはよかった。〝注目〟はQEを行うのに必要なすべてです。それだけです。簡単でしょう。あちらこちらに散らばる思いを抱えた心から離れ、純粋な気づきの静かな海に着水するにはどうすればいいかをお話ししていきます。あなたは精神の混乱と感情の泥沼からの解放をすぐに体験するかもしれません。『バガヴァッド・ギーター』（ヒンドゥー教の有名な聖典）にあるように、「わずかの純粋な気づきが、恐怖におののいた魂を救う」のです。この古代の叡智は、あなたの指先に、そしてこの本の中にあります。

　ずいぶん強気の発言に聞こえたかもしれませんが、もし私に言葉を裏付けるだけの明確な経験がなければこんなことは言いません。さて、おしゃべりはここまでにしましょう。純粋な気づきに気づくことがどれほど素晴らしい効果をあなたの身体にもたらすか、まずは体験してください。このあとの章のステップに従ってみれば、あなたがすでに持っている能力に驚くことでしょう。それはほんの手始めにすぎません。

3章

# 伸びる指

両手を開いて手のひらを自分のほうに向け、手首を横に走るしわを見てください。両方の手に同様にしわがありますね。左右の手首をぴったり合わせ、2本のしわがちょうど向かい合わせに重なるようにします。そして両方の手のひらから指先までをゆっくりとくっつけ、お祈りをするときのような合掌の形にします。

合わせた中指を見てください。2本の中指は同じ長さか、あるいはどちらかが短いでしょう。このエクササイズでは短いほうの指を選びます。もし両方の長さが同じだったら、右でも左でも、どちらか好きなほうを選んでください。

では両手を離し、テーブルの上かひざの上に置きます。いま選んだほうの中指を見つめ、そこに気づきを向けて、こう思ってください。「この指が伸びる」と。指を動かさずに、ただ敏感に気づいているだけです。これを1分間続けます。何度も伸びるように念じる必要はありません。一度で充分です。ただ変容を起こすために必要な〝気づきの焦点〟をそこに投じればいいのです。その指は1分のあいだ、あなたの全注目をそそがれます。それがすべてです。

1分したら、さっきと同じように手首のしわを合わせて指の長さを測ってみてください。ほうら、この通り……指が伸びました！　驚きです。小さな奇跡みたいでしょう。でも聖アウグスティヌスは、「奇跡とは自然に反して起こるのではなく、われわれが自然について知っていることに反して起こるのだ」と言いました。ですから、慣れてください。あなたがひとたび気づきの秘密を知ると、毎日小さな奇跡が起こるようになります。

いまの伸びる指のエクササイズで、あなたは自分に向かって何が起きてほしいか言いましたね？「この指が伸びる」と1回思いました。それ以上あなたのほうでは心でも身体でも何もしなかったのに、指は伸びました。加えた要素は〝気づき〟だけです。これが必要なすべてなのです。信じられないでしょうが、事実です。この本を読み終わる頃には、あなた自身で証明しているでしょう。

伸びる指のエクササイズはQEではありません。QEはいま体験したよりもはるかにずっと奥が深いものです。伸びる指のエクササイズは、気づきのレベルをわずかに上げるだけで何が可能かという、ほんの一例にすぎません。〝気づき〟は、あなたが知り、見て、感じることすべての根本的な原動力です。それに気づくと、人生は努力なしに流れ始めます――川が全可能性の大海へと流れ込むように。ほどなく、あなたは自分の人生を顧みて思うでしょう。「私は奇跡だ」と。

# 4章

# 思考を止める――それは簡単！

あなたの心の底には何がひそんでいるのか、考えてみたことはありますか？　もし自分の思考の源泉にじっくり触れられたらセックスライフや健康状態がもっとよくなり、不安なく愛したり生きたりできるだろうと思いますか。思考はどこからやってくるのか、そしてそれを知ることが実際に毎日の生活にどんな影響をもたらすのでしょうか。結論から言うと、自分の思考の源泉に触れることは、明らかにそして圧倒的にポジティブな影響をもたらします。人間関係にもお金にも、心身の健康にも恋愛にもです。それはただエネルギーと事物の癒着をすり抜け、その奥に眠っているものを体験することです。すべての事物はエネルギーが形をとったものです。たとえば、いまあなたが座っている椅子は、床から45センチの位置にあなたの身体を一定時間しっかり支えるだけのエネルギーを持っています。思考は心のエネルギーが形になったもので、精神の火花であり、心を、そして心が触れるものすべてを刺激するのです。

思考は、椅子や髪の毛やアラスカヒグマみたいに硬くはありませんが存在しています。ゆえに形とエネルギーを持ちます。被造物である思考は、どこかからやって来なくてはなりません。そのどこかというのは実際はどこでもありません。より正確に言うなら、思考は無から、すなわち純粋な気づきの無からやってくるのです。理論物理学者デヴィッド・ボーム博士は、この〝無〟の状態を「内在秩序」と呼びました。あなたが東洋の宗教や哲学に通じていれば、こうした形のない状態を空《くう》あるいは無として知っているでしょう。思考の源泉は万物の源と同じで、それはボームのいう内在秩序、つまり空《くう》、広大で境界のない無であり、私たちが〝純粋な気づき〟と呼んでいるものです。

ここで質問です。思考が尽きたことはありますか？　たぶんないと思います。ひとつ言えるのは、生まれてから死ぬまで思考はつねにあるということです。思考がエネルギーで、尽きることがないとすれば、その理由は思考の源泉が尽きることのないエネルギーだからです。もし私たちがじかに思考の源泉に触れることができたら、どれほど大きな恩恵を受け取れるでしょう。これを言うのはもちろん私がはじめてではありません。賢人たちは大昔からこの体験を人々に伝えようとしてきました。もしこれが体験できれば、人生はすべての面で素晴らしく変容します。準備はいいですか？　それはほんとうに可能なのです。

精根尽き果てるまで抽象的な理論や神秘的哲学を論じてもいいのですが、それは思い込みを強めるか弱めるかするだけです。論より証拠。私の仕事は、あなたをその体験へと導くことです。では始めましょう。

## ＊思考を止めるエクササイズ

楽な姿勢で座り、目を閉じます。あなたの思考に注目し、考えが向かうところどこへでもついて行ってください。思考が湧き出ては消えるのをただ見守ります。5秒から10秒、思考を観察したら、次の質問を自分に投げかけて待ってください。細心の注意を払い、その直後に何が起きるか見てみましょう。質問はこうです。

「次の思考はどこから出てくるのだろう?」

どうでしたか? 次の思考を待っているあいだ、思考に短い途切れがあったでしょうか。質問と次の思考のあいだにある隙間のような空白に気がつきましたか? はい、ではもう一度、指示を読んでエクササイズをやってみてください。待っていますから……。

思考と思考のあいだの、ちょっとした切れ目のような間《ま》に気がついたでしょうか? 質問した直後によく注意を払っていれば、心がただ次に起きることを待っているのがわかったでしょう。『さとりをひらくと人生はシンプルで楽になる』(徳間書店)の著者、エックハルト・トールはこの体験をネズミの巣穴を見張るネコにたとえています。あなたが注意深く待っていたとき、その隙間には何の思考もありませんでした。思考でいっぱいの心をからにするには何年もの困難な修行が必要だと聞いたかもしれませんが、あなたはたったいま数秒でそれを成し遂げたのです。

もう一度エクササイズをやってみましょう。目を閉じて2～3分ほど座り、15秒くらいごとに例の質問をします。あるいは、「次の思考はどんな色だろう」「次の思考はどういう匂いかな」「次の思考はどういう感じだろう」といった質問でもいいでしょう。質問が重要なのではありません。そこに注意を向けていることが大事なのです。隙間があるとき、それを注意深く観察してください。隙間がないときは探してください。注意を向けることで、思考と思考のあいだの空白、隙間が明らかになります。**この隙間こそ、思考の源泉です。**ほんのつかの間だとしても、それはあります。この心の静止に日常的に気づくようになると、魔法が働きはじめます。

それでは目を閉じ、2〜3分間、エクササイズを体験してください。待っています……。

終わりましたか？　いいでしょう。いまどんなふうに感じていますか。身体はリラックスしていますか。思考はさっきより静かになったでしょうか。静寂や平和を感じますか？

どのようにそれは起こったのでしょう？　あなたは思考の隙間を観察しただけでした。そうしたら、自動的になんの努力もせずに身体はくつろぎ、心はやすらかになりました。これが、心の静かなレベルから機能して生きるときに起こることです。心と身体は密接につながっており、心が考えることをやめると身体はリラックスして休めるようになるのです。

あなたに質問ですが、思考の隙間を観察しているとき、請求書の支払いや今夜の食事やパートナーの誕生日のことを考えていましたか？　もちろんノーですね。あなたの心は完全に静止していて、心配事はありませんでした。〝無〟に純粋に気づきながら、同時に恐怖や不安や後悔や罪悪感に苦しんだり不調和で破壊的な感情を抱いたりすることは不可能なのです。たとえこの強力な教えのほかには何も学ばなかったとしても、それだけであなたの人生は豊かさと創造性と愛に向かって劇的に変化し始めるでしょう。でも、まだまだ先があります。

この啓発的なエクササイズにはさらにどんな珠玉の叡知があるのか、一緒に発見していきましょう。まず、隙間には何がありましたか？　え、いまなんて言いました？　もう少し大きな声で……ああ、「何もない」って言ったんですね。そうです、隙間には何もありませんでした。形も音も色も匂いも、何もなしでした！　つまり隙間には〝無〟があったと言うこともできます。この単純な発見の重大さがわかってきたでしょうか。

もしあなたが、自分とは記憶、希望、恐れといった思考と感情のことだと見なしているとしても、〝考え〟はまた別のものがやってくるでしょう。思考や感情は来ては去るものです。それらは相対的で刹那的です。あなたの本質は、心が想像もできないほど途方もなく広大なのです。ついさっき、それを証明したところです。

あなたの考えがやんだとき、あなたの存在も消えましたか？　昏睡状態に陥ったり意識を失ったりしましたか？　そんなことありませんね。あなたはそこにいました。するとあなたは思考ではないということになります。思考がなくてもあなたが依然としてそこに存在したのなら、あなたとはいったい誰なのでしょう？　これは理にかなった疑問です。もし自分が何者なのか知らなければ、自分のすることすべてに根拠も基盤もなくなってしまいます。まるで記憶喪失者のように自分が誰かもわからず生きるようなものです。人生の基盤にしっかりと足をつけるには、自分が何者かを知っていなければなりません。あなたはおよそ過去と未来をもったその人ではないと私は請け合います。あなたが本当は誰なのか、発見したら驚くでしょう。じつはあなたは境界のない、時間も苦悩も超えた存在なのです。

あなたが時間も苦悩も超越した存在だということをもう少し見てみましょう。思考の隙間には何もありませんでした。でもあなたは気づいていました。まず思考が消えて、隙間が取って代わったのを見ていました。では、その隙間を見ていたのは誰でしょうか？

つまり……そこには何もなかった。しかしあなたは気づいていた。何もないけれど気づいている意識があったのです。それは何かに気づいているのではなく、ただ純粋に気づいているだけの意識状態でした。わかりますか？　言わんとすることが伝わっているでしょうか。もし純粋に気づいている以外に何もなかったとしたら、あなたがその純粋な気づきであるはずです。ほかに何があるでしょう？

自分の意識が過去の記憶や未来の計画などの思考と同一化していれば、それが〝私〟だということになります。すなわち〝私〟とは、年齢、性別、好み、記憶といった人生のものごとの集合体だというわけです。ところがそれらのすべては、意識が内側に向かって思考の隙間を観察していたときには存在しませんでした。観察するには気づいていなければなりませんね？　心がオフになった瞬間、あなたは私たちが〝無〟と呼ぶものに気づきました。無とは空っぽではないことがわかりました。無は純粋な気づきで満ちているのです。いま、あなたが誰なのかという謎が解けました。**あなたは純粋な気づきなのです！**

あり得ないと思いますか？　でも事実は否定できません。あなたの知覚が直接、あなたとは純粋な気づきであることを発見したのです。そうです。〝私〟が生まれる前、つまりあなたが自分自身だと見なしているそのイメージが築かれるより前に、そこには唯一無二で普遍的な〝無〟である純粋な気づきがありました。ここで少し立ちどまり、この発見の深遠さに思いを馳せてみてください。再度、私は待っていますから……。

自分の広大無辺さに圧倒されますか？　境界のない、あなたの永遠の本質が感じられるでしょうか。解放された自由を感じますか？

このことについて、少しじっくり考えてみましょう。あなたの幼少期を思い出してください。それから思春期、成人期、現在と、ちょっとずつ立ちどまって眺めます。人生の各ステージにおいて、それぞれに異なる好みや願望や目標がありましたね。あなたの身体も心も感情も変わりました。実際、変わらないものは何ひとつとしてありません。それでも、子ども時代から現在まで一貫してずっと変わっていないものは何でしょう？　それはあなたの〝気づき〟です。人生のどのステージでも――というより人生のあらゆる瞬間において――身体と心が現在のあなたになるために忙しく働いているあいだ、あなたである純粋な気づきは、沈黙の寝ずの番人、時を超えた目撃者としてずっとそこにいたのです。

思考を止めるエクササイズを通して、あなたは内側に入り、思考を観察しました。そして（ネズミの巣穴を見張るネコのように）待っているとき、思考の隙間を見つけました。その隙間とは純粋な気づきであり、純粋な気づきとはあなたの無限の本質、すなわち〝私〟であるものが拠って立つ基盤であることを知りました。あなたが純粋な気づきで、ほんとうは無限なのだとしたら、あなたとは心だけに限られるわけではありません。純粋な気づきであるあなたは、どこにでも、どんなときでも存在するはずです。違うでしょうか？　ここで明らかになったように、あなたは純粋な気づきです。簡単なエクササイズでそれを自分自身に証明することができます。

5章

# 1分間瞑想

どうやって思考を止めるかわかりましたね。この新たな技法を使い、あなたはよりリラックスし、元気を回復し、人生を楽しむことができます。つづいて1分間瞑想をやってみましょう。やり方は次の通りです。

前章で学んだ「思考を止めるエクササイズ」を行い、15秒ごとに新しい質問をしてください。4つの質問で合計1分間の瞑想になります。質問は4章の中のどれでもかまいませんし、自分で考えてもけっこうです。力を持つのは質問ではなく、あなたの気づきです。質問して、何がやってくるか楽しみに待ちます。もちろん、何もやってはきませんが。

この1分間瞑想は、目を開いても閉じてもできます。はじめは目を閉じたほうがやりやすいかもしれませんが、ほどなく目を開いたままでも同じ効果が得られるのがわかるでしょう。どちらでも大丈夫です。

1日に何回でも1分間瞑想をしてください。思いつくたび、いつでもやってみましょう。1時間ごとにこれを楽しんでいる人もいます。たとえば毎時間、時計の針が10分を指すたびに1分間を自分のために使います。こうすると素早く習慣化され、その規則性が強力な効果をもたらすことになります。

あるいは、洗面所の鏡、冷蔵庫、車のダッシュボードなどに付箋を貼っている人もいます。思考を止めることを思い出すには付箋に何と書きますか？　何もなしです。何も考えていない心のように、空白の付箋を貼っておくのです。

1分間瞑想は楽しいですし、短期的にも長期的にも効果をもたらします。じきにあなたは自分が自動的にそうしているのに気づくようになり、いままでどうしてこれなしで生きていられたのか不思議に思えてくるでしょう。

# 6章 ゲート・テクニック

自分とは純粋な気づきであり、心を占めるあれやこれのことではない、と発見したときのあらゆる人の反応を私は見てきました。その瞬間にはたいてい自由で軽やかな、喜びに満ちた驚きがあります。この幸せな感覚はしばらく続くこともありますが、遅かれ早かれエゴが心のコントロールを奪い返そうとします。するとさまざまな思考やものごとが強大な地位に返り咲き、気づきのかすかな残響は遠ざかってすぐに忘れられてしまいます。でも、必ずしもそうなるとは限りません。この本の要点をよく理解しておけば、純粋な気づきをしっかり心に定着させることができるのです。

そのための次のステップとは、純粋な気づきに気づいている時間を増やすことによって、純粋な気づきの無体験を深め広げていくことです。それを誰でもできるように、私は素晴らしくシンプルで効果的なプロセスを考案しました。これを「ゲート・テクニック」と呼んでいます。純粋な気づきへの門《ゲート》が、あたかも門番に招かれたかのようにするりと開くからです。私たちはそこを歩いて通り抜ければいいだけです。

ゲート・テクニックは微妙に、しかし決定的に世界の見え方を変えます。この変化は、最初のうちはほとんど自覚できなくても、あなたの心身に深く影響し、そこから人生の全領域へと広がっていきます。よくあることですが、ゲート・テクニックを始めてから数週間もすると、あなたのリラックスした様子や瞳に宿る穏やかな光について友人たちがコメントするかもしれません。

では始めましょう。腕まくりをして、あなたの〈自己〉の門をひらく準備をしてください。

---

## ＊ゲート・テクニック

10分か20分くらい邪魔されない場所を見つけ、楽な姿勢で座りましょう。目を閉じて10秒から20秒、心を自由にさまよわせます。それから、心の中で思いつくポジティブな言葉を挙げていきます。言葉が見えるかもしれないし、聞こえるかもしれませんが、どちらでもかまいません。たとえばこんな言葉です。静寂、静けさ、落ち着き、やすらぎ、喜び、幸福、至福感など。さらにもっと別の言葉が見えたり聞こえたりしてくるかもしれません。光、愛、思いやり、宇宙、無限、純粋エネルギー、存在、恩寵などかもしれません。ポジティブな言葉をひととおり挙げたら、もう一度振り返ってください。そこから気になる言葉をひとつ、そっと選びましょう。その言葉をただ観察します。よく注意を払い、その言葉がどうなるか見守ってください。

何も干渉せずただ無心に見ていると、言葉はやがて何かしら変化し始めます。文字が大きくなったり明るくなるかもしれないし、音が大きくなるかもしれません。鼓動し始めるかもしれないし、ぼやけてきたり、薄くなって消えてしまうかもしれません。どうなるかはわかりませんが、どのように変化してもかまいません。あなたはいっさいコントロールも干渉もせずに、ただ純粋に観察します。テレビを見るようにじっと心の中を見つめてください。とても簡単でしょう？

言葉を見ているうちに、心が別のことを考え出したり、まわりの音が気になったりすることもあるでしょう。ゲート・テクニックをしていることもしばし忘れてしまうかもしれません。ときには何分か考えにひたり込んでしまうかもしれません。心配はいりません。もしそうなったら、言葉を観察していないと気づいたときに、ただ静かにまた言葉を見つけてください。そうです。ゲート・テクニックの力はそのシンプルさと無心さにあるのです。

最後に言っておくと、ときどき言葉が消えてしまうことに気づくかもしれません。大丈夫です。背景に残った空間をただ観察してください。それは純粋な気づきの住む隙間だとわかるでしょう。隙間はゴールではありません。それは単にあなたの心が通過していく多くの変化のひとつです。やがて言葉がおのずと戻ってきます。そのときにはまた別の言葉になっているかもしれませんが、それでも大丈夫です。新しい言葉を受け入れ、さっきのように見て、あるいは聞いてください。

簡単に振り返ってみましょう。目を閉じて静かに座ります。数秒したら言葉を見つけて、その言葉をただ観察します。干渉せず、ただ見るだけです。ほかの考えや音が現れているのに気づいたら、静かに言葉を見つけ、ふたたび観察に戻ります。もし言葉が消えたら、また戻ってくるか、別の言葉が現れるので、そのまま観察を続けます。

目の前で展開することにあなたが巻き込まれず、それを純粋に観察している限り、何が起きても問題ありません。ゲート・テクニックは10分から20分（できれば毎回少なくとも10分は）続けましょう。終わってすぐに目を開けたり、いきなり立ち上がって動き始めたりしないでください。目を閉じたままで1分か2分くらい身体を伸ばし、ゆっくりと外の世界に戻ります。急に戻ってしまうと、いらいらしたり頭痛がしたり、身体に不調を感じたりするかもしれません。あなたが自覚していようといまいと身体は深くリラックスしていますから、いつもの活動に戻るのに時間がかかるのです。心は動きたがるでしょうが、身体が追いつくための時間をとり、それから徐々にいつもの生活に戻ってください。

少なくとも1日1回はゲート・テクニックをしてください。2回すれば効果は4倍になります。いちばんいい時間帯は起きてすぐに1回、そして昼間にもう1回です。もし日中に時間がとれない場合は寝る前にするといいでしょう。そうすれば1日のストレスがきれいに解消され、素晴らしい睡眠を得られます。

効果を持続させるには次のことが大切です。はじめのうちは右の指示をときどき読み返すようにしてください。そうすると妨げとなるような、うっかりついてしまった悪い癖を消すことができます。正しくやっているつもりで、何かを取りこぼしていたり不要なことを付け加えていたりすることはよくあります。純粋な観察を続けるように気をつけていないと、ゲート・テクニックはうまく働かなくなり、最初の頃よりも効果が薄くなったように感じられるかもしれません。これは明らかに練習中に何かしら不純なものが紛れ込んでしまったことを物語っています。最初の2週間は2日ごとに指示を読み直し、その後は2週間に一度のペースで確かめるようにしてください。そうすることで継続的な練習の効果を充分に受け取れます。

ゲート・テクニックは、観察のほかに何も頼らないことを教えています。それはまったく魔法のようです。深い癒しがわずかな努力もなしに始まるのです。実のところ、努力は逆効果でしかありません。このテクニックの効果とは、私たちの精神を気づきという癒しの水に浸すことです。そのとき私たちは身体と心の源である、大いなる叡智とともにあるのです。

これを定期的に行えば、身体にも心にもエネルギーが満ちるのを体験するでしょう。もっとリラックスでき、症状は和らぎ、精神的にも感情的にもストレスに強くなり、人間関係もよくなっていきます。それらのすべてが単に注意を向けるだけで成し遂げられます。そしてすぐにゲート・テクニックの最中だけでなく、日常生活でも自分が以前よりずっとよく観察するようになっていることに気づくでしょう。ゲート・テクニックはそれ自体で完璧ですが、ほかの技法の準備としても行えばその効果を高めることもできます。ただしゲート・テクニックの内容は変えないようにてしてください。力はそのシンプルさにあることを覚えておきましょう。これはそのままで完璧です。何かを加えたり省いたりすることは効果を弱めてしまいます。

もうすぐあなたは一瞬で癒しをもたらす科学的手法、QEを学びます。ゲート・テクニックは、QEのプロセスでは使いませんが、QEのかなめである気づきを磨くのにとても役に立ちます。毎日これをしていると、行動しながらいまに気づいていることが当たり前になってくるでしょう。のちのちヒーリングに慣れてきたら、ゲート・テクニックの代わりにQEをすることもできますが、多くの人がその両方を続けています。

# 7章 純粋な気づきに気づく

クォンタム・エントレインメント（QE）はとてもシンプルなのに効果は絶大です。なぜなら、それは〝純粋な気づき〟から無限の癒しの力を持った秩序を引き出すからです。したがってQEを行うためには、純粋な気づきとは何か、どのようにそれにアクセスするのか——より正確に言えば気づくのか——を知らなくてはなりません。

純粋な気づきについては、古くから多くのことが書かれてきました。たいていは到達するのがとても難しく、会得するには長年の修行が必要だと説いています。しかし私に言わせれば、純粋な気づきに到達するのは不可能で、会得することもできません……なぜなら、**すでにあなたはそれを持っている**からです。すでに持っているものを探し出すことはできません。それは難しいのではなくて、不可能なのです。

おそらく、これが理由で多くの人が純粋な気づきに気づけないのでしょう。私たちはそれを理解できるもの、心で捉えられるものと信じています。けれども純粋な気づきの本質は〝無〟なので、手でも心でも捉えることはできず、体験することもできません。これは重要なポイントです。

純粋な気づきは体験の脱落によってのみ知ることができます。そうです、ちょうど思考と思考の隙間を見つけたときのように。あなたはふたたび考え出してはじめて体験がなかったことに気づきましたね。心は無を嫌います。心は、考えでも何でも興味が引きつけられるもので遊んでいたいのです。そのため、純粋な気づきはなかなか見つかりません。それはそうです。心は無を知ることができないので、代わりに無を定義する哲学や、無を見つける複雑な方法を編み出す必要に駆られるのです。そうすることで心は自己満足やプライドなどの条件づけられた感情にひたり、成果を自分に納得させようとします。でもそのような試みは結局失敗に終わります。

純粋な気づきは、取り組むことで気づけるものではありません。むしろ取り組まないことで気づくのです。その秘訣は、心をほかの何かで忙しくさせておき、それから気づきがずっとそこにあったことを示してやります。思考の隙間をどうやって見つけたか、思い出してください。いまから別の方法をやってみますが、これが終わったときには、望めばいつでも即座に純粋な気づきに気づけるようになっているでしょう。

このプロセスはとても効果的です。4章の「思考を止めるエクササイズ」をさらにもっと長くしたもので、楽に座れる椅子と、少なくとも20分は邪魔が入らない場所が必要になります。最初の数回は横にならないでください。上体を起こしているときのほうが、心はより鋭敏になるからです。

これから紹介する「純粋な気づきに気づく」にはいくつかやり方があります。一番いいのは、

QEのウェブサイト（巻末参照）から私の音声誘導ファイルをダウンロードすることですが、以下の文章を自分で読み上げて録音し、それを聞きながら行うこともできます。

あるいは、誰かほかの人に読み上げてもらってもいいでしょう。その場合、いったん読み始めたら読み手と話をしないでください。そして最後まで終わったら、目を開ける前に2〜3分ほど沈黙を保ちます。あなたが目を開けた状態で純粋な気づきに気づくまで、おたがいに私語は交わさないようにしましょう。

また自分で指示の文章を繰り返し読み、記憶して行うというやり方もあります。この方法も有効ですが、純粋な気づきに自然と気づくようになるまで、何回かやってみる必要があるかもしれません。

いずれにしても、あなたはすぐに純粋な気づきに通じるようになるでしょう。この本を読めばおそらく充分でしょうが、さらなる手引きを求めたいときにはQEのウェブサイトを参照してください。では、純粋な気づきを見つけにいきましょう。

………………………

**＊純粋な気づきに気づく**

楽に椅子に腰かけ、両手は組まずに離しておきます。目を閉じて右手に意識を向けます。手は動かさず、ただ右手に気づいていてください。感じていることによく注意を払います。脈拍や筋肉のこわばりなどが感じられますか？　なにか不快な感じや痛みはありますか？　右手全体の感じはどうでしょう。温かい、それとも冷たい？ リラックスしているでしょうか。ちりちりするような感覚がありますか（これを30秒続けます）。

今度は左手に意識を向け、同じように気づきます（15秒）。それから、同時に両方の手に意識を向けてください（10秒）。次は同時に両手首に意識を向けます（2〜3秒）。

ここからは、身体の各部に2〜3秒ずつ意識を向けていきます。

- 両腕のひじから下
- 両ひじ
- 両方の上腕部
- 両肩
- 両腕の指先から肩まで、同時に気づきます。
- 背中の上部
- 背中の腰周辺
- 背中全体
- わきの下から腰まで、身体の側面
- 胸
- 腹部
- 骨盤と下腹部全体

●臀部
●両方の太もも
●両ひざ
●両方のすねとふくらはぎ
●両足首
●両足のかかと
●両足の裏
●両足の甲
●両足のつまさき
●両足の親指に同時に気づきます。
●両足の人さし指
●両足の中指
●両足の薬指
●両足の小指
●両脚、両腕、胴体を同時に意識します。
●では首に気づきを向けてください。
●あごの先端

●下あご全体
●右耳
●左耳
●下唇
●上唇
●唇の合わせ目
●右の鼻孔
●左の鼻孔
●鼻先
●鼻全体
●右まぶた
●左まぶた
●右目
●左目
●右眉
●左眉
●眉間

●ひたい
●後頭部
●頭のてっぺん
●頭部全体
●身体全体に意識を向け、全身に気づきます（10秒）。
●身体の周囲に意識を向けます。身体のまわり30センチくらいのところを楕円形か卵形に包んでいるフィールドに気づいてください（10秒）。
●この気づきをさらに身体から離れたところまで広げましょう（5〜6秒）。

ここから先は、心の中でそれぞれ5〜6秒ずつ、気づきを保ってください。

●あなたの気づきが部屋全体に満ちているのに気づきます。
●気づきは部屋を超えて建物全体に広がります。
●気づきを建物の外側とその周辺まで広げましょう。
●気づきはぐんと広がり、街全体に気づきます。
●さらに急速に広がり、街の周辺、隣町、あなたの住む地方一帯に気づきます。
●どんどん広がっていき、近隣の地方、国全体に気づきます。
●それは大陸、半球全体へと広がります。

●そして地球全体に気づきます。惑星がゆっくり静かに力強く自転しているのに気づきます。
●気づきが広がるとともに地球は小さくなり、月は銀色の点になります。
●地球はどんどん小さくなって宇宙に光るひとつの星になります。
●気づきはさらに広がり続け、太陽はあっという間に静かに通り過ぎて小さくなってしまい、宇宙のたくさんの星と同じくらいになります。
●無数の星々が宇宙に満ちていることに気づきます。そのすべてがあなたの気づきのなかにあります。
●気づきはもっと広がり、星々は銀河となって静かに力強く渦巻いています。
●気づきは広がり続け、銀河も小さくなって宇宙の星のひとつになります。
●それは何万何億何兆という銀河のなかに吸い込まれていきます。
●気づきは広がり、すべての銀河、すべての宇宙がひとつの楕円あるいは卵となって、あなたの気づきに支えられて浮かんでいます。
●全宇宙がこのひとつの光り輝く創造の卵に包含され、あなたの気づきのなかにあります。
●さらに気づきは広がり、その創造の卵はみるみる小さくなっていきます。
●それはグレープフルーツくらいの大きさになります。
●オレンジくらいになります。
●レモンくらいになります。

●エンドウ豆くらいになります。

●夜空に光るひとつの星くらいの大きさになります。

●気づきはさらに広がり、全宇宙が針の穴くらいの光になってあなたの無限の気づきのなかに浮かんでいます。

●それから、全宇宙であるその一点の光が消えます（30秒）。

●では、ふたたびあなたの身体に気づきを向けます（15秒）。

●あなたは気づきに満たされた部屋に座っています。部屋にあるすべてのものは、あなたの気づきのなかにあります（15秒）。

●あなたの気づきのなかに全宇宙があります（15秒）。

●気づきのなかに座っているのに気づいたまま、もう一度あなたの身体に意識を向けます。

●それでは目を開ける前に2～3分、座ったままでリラックスしてください。広がった気づきを保ち、目を開ける準備をします。急がないように。気づきが部屋中に満ちているのを感じながら外の世界へ戻っていきましょう（1分）。

●まだ目は閉じています。そっと手や足の指を軽く動かしたり伸ばしたりしてみてください。あなたの気づきが身体に浸透し、部屋を満たしていることに気づきます（30秒）。

●部屋に満ちているあなたの気づきを保ったまま、ゆっくりと目を開けます（10～15秒）。

●あなたの気づきが部屋全体にゆきわたっているのがわかりますか？何かそこにある物を

見てください。あなたとその対象物のあいだに気づきがあるのがわかりますか？ 気づきはいつもそこにありました。あなたの外にも気づきがあることに気づきましたね。どんな感じがするでしょう（5～7秒）。

● 平和や静けさの感覚、もしくは軽やかさ、至福感でしょうか。

● いまあなたが感じているこの静かなやすらぎがユーフィーリングです。純粋な気づきが、あなたの心に映し出されているのです。喜び、平和、静けさ、どのように感じたとしても、それは純粋な気づきに気づいた結果です。

● いま部屋中に満ちている気づきに気がついていますか（3～5秒）。

● ほら、まだそこにあるでしょう。いつもそこにあるのです。そうしたいときにはいつでも気づくことができます。もう一度やってみましょう。部屋に満ちているあなたの気づきに気づいてください（3～5秒）。

● 今度はあなたの身体にある気づきに気づきます（3～5秒）。身体にも気づきがあるのです。純粋な気づきはどこにでもあります。それは着ているのを忘れていたコートのようなものです。あなたがそれを思い出すだけで、いつもそこにあってあなたを暖めてくれていたことがわかります。純粋な気づきに気づくとき、いつでもそれはあなたを待っていたのがわかるでしょう。あなたがどこにいても純粋な気づきはそこにあります。それはまるで愛情深い母親のようです。子どもが母親の姿を見失っても、あたりを見回せば母親はそこにいて子どもを見守っています。

●やってみましょう。〝母〟はあなたを見守っていますか？　あなたの気づきが部屋全体、全身、創造のすべてに満ちていることに気づいてください（5〜7秒）。

なんの努力もいりませんでしたね？　気づきを見つけるために何かしたわけではありません。ただそこにあると気づいただけです。やめれば元の木阿弥になってしまうような技術は必要ありません。あなたは努力しなくても、純粋な気づきに永遠に気づいていられます。なんと素晴らしいことでしょう。

---

●ふたたび目を閉じ、部屋中があなたの気づきで満ちていることに気づきます（15秒）。

はい、それではあと少しです。

●では、いま感じていることに意識を向けてください。あなたのユーフィーリングです。平和、静けさ、静寂、至福感……感じているものをただ確認します。ユーフィーリングを見つけ、少しのあいだ観察します（8〜10秒）。心地よいでしょう？

●目を開けてください。あなたのまわり中にある気づきに気づき、目を開けたまま、ユーフィーリングを確認します。それはさっきと同じかもしれないし、違うかもしれませんが、どちらでもかまいません。いまあるユーフィーリングにただ意識を向けます（8〜10秒）。

QEで癒しを起こす準備として、1日に何度でも純粋な気づきと、それにともなうユーフィーリングに気づくことをお勧めします。最初は静かな環境で目を閉じて行う必要があるかもしれません。けれども何回か練習すれば、ラッシュアワーの真っ最中でもユーフィーリングに気づくようになるでしょう。

覚えていてください、まず純粋な気づきに気づくことです。それから純粋な気づきを観察したり感じたりしているうちに、あなたのユーフィーリングが自然と輝き出します。気づきに気づくことに努力はいりませんが、心がどんな活動とも結びつかない心地よさの感覚に慣れるまでには多少時間がかかります。ユーフィーリングは心の奥の精妙な活動ですから、ふだん活発に働いている心が静かな状態に馴染むのに練習が必要なのです。

いいでしょう、いまはこれで充分です。あなたと一緒にここまで来られて嬉しいです。いま、あなたは新たに目覚めたところです。この新たな気づきを存分に味わい、これから訪れる喜びを楽しんでください。

# 8章

# QE3点法――QEヒーリング

QEのヒーリングでは、自分が癒しているのではないことが実際にわかります。ネガティブなエネルギーを打ち破るためにポジティブなエネルギーを生み出すのではありません。思い通りになるように何らかの力や儀式に頼るのでもありません。あなたがするのは、ヒーリングが起こる環境をつくり出すことです。QEをすることにより、〝完璧な秩序のフィールド〟(としか言いようがないのですが)に同調します。そのフィールドから、あなたは何もしないまま、すべてがなされるのです。

私も習慣で「あなたは癒す」とか「私は癒した」などと言うことはありますが、それは文字通りの意味ではありません。私たちは癒しの現象を生み出す準備として、それがきちんと働くような正しい角度から入っていく必要があります。「自分が癒しているのではない」と私が言うのは、心構えでも哲学でもなく、観察にもとづいた純然たる事実です。この癒しをもたらすのはあなたの外側からやってくる何らかの力ではなく、あなたの本質そのもの、すなわちユーフィーリングを通して映し出される純粋な気づきなのです。それ以上でも、それ以下でもありません。

あなたは自分の気づきの力に感嘆するでしょう。でも知っておいてほしいのは、その力はあなたのものではないということです。あなた自身がその力なのです。もうすぐ、それを直接体験できます。小さな自分の輪郭として過去何十年もかけて念入りに築き上げてきた境界線を、あなたはするりと抜けてしまうのです。その境界線は、あなたの気づきの広がりを閉じ込めてきました——もっぱら〝私〟という概念を支え強化するための思考と事物のなかに。しかしQEを体験することで、それもいったん脇に置かれます。

## ユーフィーリング

ヒーリングに入る前に、もうひとつ大事な話があります。すでに前章「純粋な気づきに気づく」にも出てきましたが、健康と調和のために不可欠で、QE全体において核となるものです。実際、万物はこれを中心に成り立っています。それは何でしょうか。ユーフィーリングです。

ユーフィーリング（Eufeeling: euphoric feeling「幸福感覚」から）はすべての創造のなかでも独特のものです。全体性が具現化するときの最初の創造物なのです。宇宙のものはすべて——牧場風の家も、蝶も、溶岩の流れも——必ず形になる前にこの段階を通過します。ユーフィーリングはまったく安全で、制限も矛盾もない唯一の創造物です。それは完全に開かれた自由な流れです。

心にとってユーフィーリングは、濃厚なダークチョコレート、新しい恋、すべてが詰まった天国行きロケットのようなものです。ユーフィーリングを感知することは心の究極的なゴールです。ユーフィーリングがあれば、心は何も求めません。ユーフィーリングに気づいているとき、心は安全です。ですから人生の恐怖と困難のさなかでも、ゆっくりと慎重に歩みを進めることができます。あなたはユーフィーリングが母親のように見つめ、守り、慰めようと両手を広げて待っていてくれるのをいつでも感じるのです。

ユーフィーリングとは実のところ何なのでしょう？ いい質問です。心はユーフィーリングを、喜び、平和、静寂、静けさ、無限の愛、至福感、恍惚感《エクスタシー》などとして認識します。ユーフィーリングを日常的なありふれた感情、たとえば嬉しさや高揚感、怒りや悲しみ、制約的な愛、嫉妬や恐れといったものと混同しないでください。これらを私は「条件づけられた感情」と呼んでいます。なぜならそうした感情は、お金の得失や、愛する人を失ったり新しい仕事を得たりというような、何らかの状況から生じるものだからです。

ここでちょっとした秘密を明かしましょう。ユーフィーリングとは〈自己《セルフ》〉そのものなのです。そうです。〈自己〉は、あなたの心に喜びや愛や平和として映し出されます。素敵ではありませんか？〈自己〉は心の視野を超えています。人間の目が、海を染める太陽光の色のすべてを捉えきれないのと同じです。ところが、〈自己〉の最初の動きは心で捉えることができるのです。それはあなたが平和を感じるときです。

ここでの要点は、ユーフィーリングはつねに純粋で澄んでいるということです。つねに、です。

あなたが外側で何を感じ、考え、行動していようとも、内側でのあなたは、〈自己〉すなわちユーフィーリングの鮮明な反映なのです。

QEをすることで、心はユーフィーリングによって生き生きとし、自然に調和を取り戻していきます。そこから調和が周囲に反映され、すべてに恩恵がもたらされます。QEを通して、私たちはひとりでに心に映るユーフィーリングの香りを楽しみます。そしてこの内なる純粋さが、ほかの人のなかにも見えるようになります。すると不完全さが見えても気にならなくなり、その人のユーフィーリングがやすらかに静かに息づいているのがわかり、しかもそれを自分のこととして感じるでしょう。これが、私たちは本当はひとつであるというユーフィーリングの意識状態なのです。

では、腕まくりをしてヒーリングの準備をしましょう。まずは簡単なケースから始めます。友人が左肩の痛みと、背中上部から首筋のこわばりで助けを求めてきたとしましょう。原因がわからなくても大丈夫です。QEの癒しは、自動的に原因となるレベルで起こります。QEイニシエーター（QEをする人）としてのあなたに必要なのは、パートナー（QEを受ける人）の望みを知っておくことだけです。この場合は明らかに肩の痛みと筋肉のこわばりの解消です。それがパートナーの望みであり、あなたの意図となります。必要な情報はこれだけです。

## QEヒーリング

始める前に、パートナーに肩（または違和感がある部分）を動かして、解消したい痛みを示してもらいます。どんなふうに動きが制限され、身体にどんな影響があるのか見せてもらってください。それからパートナーに、痛みの強さを1から10の数字で（10を我慢できないほどの痛みとして）判定してもらい、その数値を覚えておきます。事前チェックと事後チェックを習慣にすることが大切です。特にQEを始めたばかりの頃には、これが貴重なフィードバックとなります。あなたがもし医師や施術者なら、通常の治療と同じ検査法を用いてください。たとえばカイロプラクターなら整形外科的あるいは神経学的検査、触診、X線検査などを使い、客観的に症状を把握し、改善の度合いを判定します。

意図を意識するのは一度だけで充分です。純粋な気づきは耳が遠いわけでも物覚えが悪いわけでもありません。あなたの求めを、あなた自身よりもよほどよく知っているのです。純粋な気づきは、何をすべきか、いつそうすればいいか、ちゃんとわかっています。これは確かです。それでは始めましょう。

…………

### ＊QE3点法——QEヒーリングのスリーステップ

パートナーの肩か上背部か首に触れると、硬くなっていたり痛みがあったりする筋肉がすぐに見つかるでしょう。その硬くなっている筋肉にあなたの人さし指の先を置きます（接触点A）。少し強く押して、筋肉がどのくらい硬いか、こわばっているか感じてみましょう。それから力をゆるめて、指を硬い筋肉の上に軽くのせておきます。次にもう一方の手の人さし指を、どこでもいいのでほかの筋肉の上に軽く置いてください（接触点B）。張りや痛みがある場所でなくてかまいません。適当に筋肉を選び、そこに指を置きます。

●ステップ1　接触点Aにすべての注意を集中し、感じることにはっきりと気づきます。指に伝わる筋肉の温かさ、パートナーの肌や衣服の感触、指を押し返す筋肉の硬さなど、時間をかけてよく感じましょう。指と筋肉が触れ合うところから感じられる限りのことに気づきます。

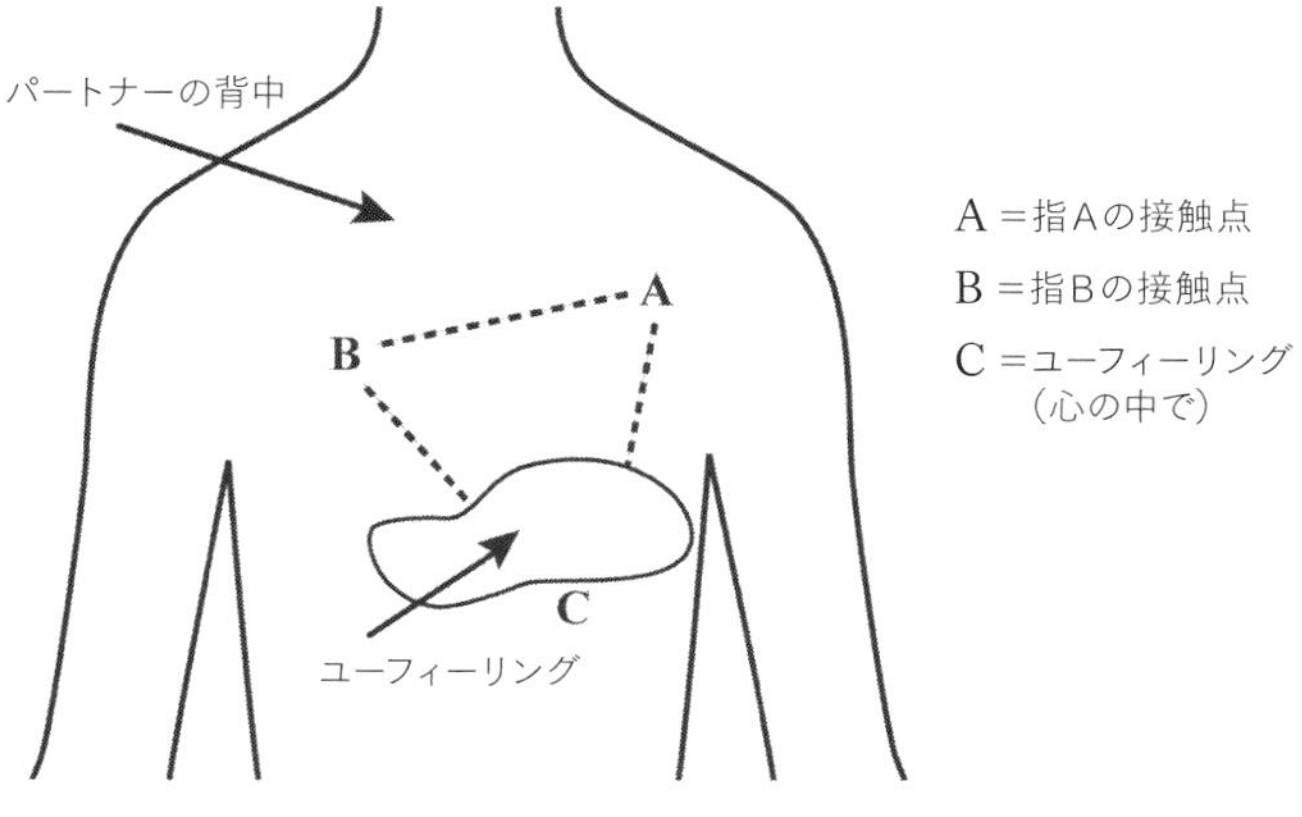

**●ステップ2**　接触点Aと同じように、今度は接触点Bに注意を集中し、はっきりと気づきます。それから同時に2本の指が感じていることにしっかり気づいてください。この気づきの状態を数秒間保ちます。両方の指に同時に注意を向けていると、このプロセス全体を見ている部分があなたの中にあるのがわかるでしょう。あなたの意識は2本の指に気づいています。いまのところあなたは接触点Aに気づき、接触点Bに気づき、そして両方同時に気づいていることに気がついています。あなたがこの現象を明確に意識しているかどうかにかかわらず、自然と努力なしにそうなりました。

**●ステップ3**　ふたつの接触点に気づいているこの広がりを保ったまま、何もしません。そうです——2本の指の先の感覚に集中する、ただそれだけです。同時に2本の指に注意を向け、ほかに何もしなければ、すぐに静寂、静けさ、やすらかさといった感覚が訪れるでしょう。これがユーフィーリングです。あなたの広がった気づきから生じたのです。このとき、接触点AとBに気づきを保ちながら、このユーフィーリングの感覚に気づいていましょう。

いま、あなたは3つの点に気づいています。接触点A、接触点B、そしてユーフィーリングです。この3点の気づきを保つことを「3点法（トライアンギュレーション）」といいます。パートナーの身体、特に筋肉に変化を感じるまで、この3点に気づきを保ちます（QEを学び始めの頃はこれに数分かかるかもしれません）。変化とは、たとえば指の下の筋肉が柔らかくなったり緩んだりするのを感じることです。あなたの指が軽くなる、もしくは筋肉の中に溶けていくように感じるかもしれません。またはパートナーが全体にリラックスしたのを感じるかもしれません。パートナーの肩が緩んだり、ため息をついたり深呼吸することもあるでしょう。ふたりとも立った姿勢であれば、パートナーの身体が揺れているのに気づくかもしれません。これはとても深いレベルで癒しの休息を受け取っているときによくある反応です。パートナーの身体が温かくなったり、汗ばんだりすることもあるでしょう。

こうした変化のすべては、パートナーの身体が癒されていることの兆候です。痛みやこわばりなどの無秩序を解消するために身体が再編成されているのです。これらの現象を観察したあと、もうしばらくふたつの接触点とユーフィーリングに同時に気づきを保ち、3点法を続けてください。それから指を離します。

………………………………………………

おめでとうございます！　これで最初のQEセッションは終了です。2本の指とユーフィーリングだけでパートナーの苦痛は癒されました。

この癒しの行為の最中に、パートナーが何を体験していたのか気になるかもしれませんね。じつは、まったく何も体験していません。QEセッションが始まる前、私はパートナーにこう言います、「心をただ自由にさまよわせてください」と。リラックスすべきか、瞑想すべきか、意図を繰り返し念じるべきかとよく聞かれますが、パートナーは何もするべきではありません。どんな形でも手伝おうとしないでもらってください。もし何かすれば、癒しを遅らせたり妨げたりするだけです。なぜならパートナーの心が何かに気をとられていると、ＱＥから生まれる癒しの効果を受け取りにくくしてしまうからです。ニュートラルな心こそ、自然にたやすく純粋な気づきの癒しの水に浸るのです。

パートナーがいつも心地よくいられるようにしてください。よければ目を閉じてもらってもかまいません。でも、パートナーがする準備はそれだけです。もしパートナーから少しでも癒しのプロセスを手助けしたいと言われたら、何も考えずに心を自由に漂わせることが一番の助けになると答えましょう。

ＱＥは困難な環境下でも効果を発揮します。たとえば、パートナーが激しい肉体的もしくは感情的な苦痛に襲われ、救急室やショッピングモールの人混みなど騒然とした場所でＱＥをすることになるかもしれません。それでも癒しは起こりますから、そうしたことで癒しが制限されるとは思わないでください。ただし選べるのであれば、静かな環境と穏やかなパートナーが望ましいでしょう。

## QEヒーリング・セッションのまとめ

●パートナーが痛みについて説明する（そのなかに意図が含まれている）。
●事前チェックを行う。
●接触点Aから感じられることに気づく。
●接触点Bから感じられることに気づく。
●接触点AとBに同時に気づく。心は軽やかさや広がりを感じる。これがユーフィーリング。
●ユーフィーリングに気づく。
●接触点A、B、ユーフィーリングの3点に同時に気づきを保つ。
●筋肉が緩む、身体が揺れる、呼吸の変化など、パートナーがリラックスしている兆候を観察する。
●事後チェックを行う。

9章

# リファインドQE

「リファインドQE」とはほとんど文字通りの意味で、QEをさらに洗練させ純化したものです。QE3点法では3つのステップがありましたが、リファインドQEはそのうちふたつを省略し、シンプルにしてあります。自転車の補助輪をはずすような感じです。

たいていの人は純粋な気づきとユーフィーリングに慣れるまでQE3点法を好みます。その後、慣れてくるとリファインドQEにさらなる心地よさを感じるようになっていきます。けれども私はラジオ番組で、QEがまったくはじめてというリスナーにもよくリファインドQEを教えることがあります。リファインドQEはいつでもどこでもでき、あるものから別のものへと意識を移すだけなので、とても簡単なのです。

この驚くほど精妙でパワフルな手法をぜひあなたに分かち合いたいのですが、どうでしょう。いいですか？

## リファインドQEの進め方

準備として、家族、友達、ペットや電話などに30分は邪魔されない静かな場所と、楽な姿勢で座れる椅子を用意してください。以下の指示を自分で読むか、誰かに読んでもらいます。読み手は書かれていることを読み上げるだけにし、会話はしません。自分で読んで録音する場合、目を閉じて静かにするよう指示された箇所では必ず少し時間をあけてください。

では、いきましょう。

---

### ✻リファインドQE

楽な姿勢で座り、目を閉じます。15秒から30秒、心がさまように任せます。思考が来ては過ぎ去るのをただ見つめてください。

では、考えていることにもっと注意を向けます。内容は問題ではありません。心のスクリーンを流れていく思考に意識を合わせてください。注意深く観察します。がんばって集中するのではなく、ネズミの巣穴を見張るネコのように、じっと注意を向けながらくつろいで見守りましょう。1分から2分、リラックスして集中した意識で思考を眺めます。

終わるまで先に進まないでください。待っています……。

1分から2分、注意深く思考を見つめましたか？　いいでしょう。

思考を観察していると、それは静かになり、ほとんど瞬時に減速しました……ちがいますか？　おしゃべりがやみましたね。思考は弱まり、少なくなり、ゆるやかになりました。思考が何をしていようと大丈夫なのだと覚えておきましょう。思考がうるさくても静かでも問題ありません。あなたの仕事は完璧な観察者になることです。ただ座って、思考が次にどうなるか観察してください。しなければならないのはそれだけ、つまり静かな気づきで見守るだけです。

ときどき思考がすべて止まっていた瞬間があったことに気づきましたか？　思考が遠のいてゆき、気がついたらいっさい消えてしまい、純粋な気づきだけがあなたとともに残っていたかもしれません。素晴らしいでしょう？　でも、これはほんの始まりです。

いまの最初の部分を終えたあと、身体がリラックスして心が静かになったことにも気づいているでしょうか。

あなたが気づいていようがいまいが、これらは純粋な気づきに気づいたことの恩恵です。ほどなくこの静かな、より精妙なレベルを、渋滞に巻き込まれたときでも感じられるようになるでしょう。でも、まだ先があります。続けましょう。


……………

ふたたび目を閉じてください。先ほどのように無心に注意深く思考を観察します。今度はもっと簡単かもしれません。すぐに思考が静かになったり、完全に止まったりすることもあるでしょう。そうして注意を向けながら1分か2分、観察してください。それから、どんなふうに感じるかに注目します。

もう一度、待っています……。


……………………


この2～3分のあいだ、静寂、静けさ、平和のようなものを感じたでしょうか。喜びや愛、思いやりや高揚感、至福感だったかもしれません。いま体験したその〝いい感じ〟があなたのユーフィーリングです。

次に目を閉じて座り、今度はこのようにしてみてください。思考を観察して、ユーフィーリングがあなたの気づきに現れるのを待ちます。ユーフィーリングは静寂や静けさのようにシンプルで、恍惚感のように奥深いものであることを覚えておきましょう。どのユーフィーリングがいいということはありません。あなたのユーフィーリングがどんなものでも、ただ観察してください。もし思考が戻ってきたら、それも無心に観察するだけです。思考はそのうちに消え、「思考がない状態」か純粋な気づき、もしくはユーフィーリングが現れます。

そこにあるのが思考であれ、ユーフィーリングであれ、純粋な気づきであれ、あなたはただ単に観察するだけで、ほかには何もしません。これがとても大切です。思考を観察する以外に何もせず、ユーフィーリングが現れるのを待ちます。あなたの気づきにユーフィーリングが現れたら、はっきりと、そしてじっと注意を集中してください。ときどき、思考もユーフィーリングもない状態が訪れるかもしれません――純粋な気づきです。純粋な気づきのなかで、ふたたびユーフィーリングが現れるのをただ待ちましょう。

これがいかにシンプルかわかりますか。心のスクリーンに何が現れようと、あなたの立ち位置はいつも同じです。あなたは観察者でいるだけです。**思考やユーフィーリングに対して、干渉もコントロールも一切しません。**大丈夫、すべては自然に整えられます。リラックスしたり、平和を感じるためにあなたは何かしましたか？ いいえ、すべてが自動的でしたね。ユーフィーリングに気づけば、あとはその叡智がすべて面倒見てくれるのです。複雑にしないでください。そうでないと努力と苦難の道に逆戻りしてしまいます。

ではここで、もういちど目を閉じてさっきのリファインドQEを再開しましょう。今度は5分くらい時間をとります。終わったらゆっくりと時間をかけて目を開け、続きを読んでください。

……いまどんな感じでしょうか。ユーフィーリングに気づいていますか？ あなたは目を開けているのにユーフィーリングに気づいていますね。素晴らしいでしょう？ はじめは目を閉じて心に深く分け入っていかなければなりませんでした。でも、見てください。ユーフィーリングがあなたと一緒に外の活動の世界までついてきたのです。なんということでしょう。

思い出してください。ユーフィーリングには境界がありません。ですからユーフィーリングはいつもそこにあるのです。ただ人生のほとんどであなたに見えなかっただけです。これからもまた見過ごしてしまうでしょうが、定期的にQEをしていると一瞬にして思い出し、いつでも取り戻すことができるようになります。あなたはいま、想像を超えた人生の基盤を築いているのです。きっとそう遠くない未来、ふと気がつくと、望んだ以上の幸福な人生を送っているでしょう。

さて、まだ終わっていません。ここからが山場です。リファインドQEをさらに続けます。


目を閉じ、心のスクリーンに流れるものを観察します。ユーフィーリングが現れるまでそれを見守り、現れたらそっと注意を移してください。干渉することなく、ユーフィーリングを深く見つめます。もし途中で違うものに変化したら、その新しいユーフィーリングを深く見ていきます。これを3分から5分ほど続けましょう。

適当なタイミングでゆっくりと目を開けて、そのままQEを続けます。あなたは目を開けて前方をくつろいで見つめながらユーフィーリングに気づいています。QEを続けてください。目を開いていても、思考、ユーフィーリング、純粋な気づきに気づいています。これを1分か2分続けたら、ゆっくり立ち上がって、何か近くのものに目を向けてください。それを見ているあいだもユーフィーリングに気づいています。ユーフィーリングを感じたまま、さらに別の何かに視線を移します。

準備ができたら、ゆっくりと部屋のなかを歩いてみましょう。あなたの身体の動きを感じてください。左足と右足にどのように重心が移りますか。足の裏を押し返してくる床の感触はどんなふうでしょうか。ユーフィーリングがなくなったら、ただ気づきを通してまた見つけてください。五感のすべてを使いながら部屋をゆっくりと歩きまわります。どんな音が聞こえますか。顔をなでる空気を感じ、手に触れる植物やそこにあるものを感じてみましょう。嗅覚と味覚も使いましょう。そのあいだユーフィーリングがないと気づいたら、そのたびユーフィーリングに戻ってください。では、立ちどまってユーフィーリングのみに注意を向けます。それがどのように強くなったか、あるいは別のユーフィーリングに変化したかを感じてみてください。

………………………………………

実のところ、ユーフィーリングの強さや種類はそれほど変化してはいません。ただ無限の現れである〈自己〉への気づきが深まっただけなのです。これが本来のあなたの姿です。恐れに根ざしたエゴがあやつる行動に絡め取られることなく、ただ〈自己〉として在る。これ以上、大切で満ち足りた状態はありません。

あなたの好みで、リファインドQEを3点法の代わりとして使うこともできます。両方とも同じように効果がありますが、おわかりのようにリファインドQEには3つではなく、ひとつしかステップがありません。より気軽にできて、QEをほかの人とも分かち合いやすくなるでしょう。それはとても素晴らしいことです。

## リファインドQEのまとめ

- 目を閉じて楽な姿勢で座り、10秒から15秒、思考を自由に漂わせる。
- ただ無心に思考を観察する。ネズミの巣穴を見張るネコのように。
- やがてあなたの思考は静かに、またはゆっくりになる。全部消えてしまうかもしれないが、どうなったとしても静かに見守り続ける。
- すぐに〝いい感じ〟がしてくる。これがあなたのユーフィーリング。
- はっきりと、でもただ無心にユーフィーリングを観察する。それは強くなったり、別のユーフィーリングに変わったり、もしくは新たな思考が出てくるかもしれない。
- 何が起ころうと、あたかも映画を見るように、繰り広げられるままをただ観察する。
- 目を開けて、この無心の観察というシンプルなプロセスを続ける。
- 部屋のなかをゆっくり歩き、そこにあるものを感じてみる。
- ユーフィーリングを見失ったことに気づいたら、いま感じていることを見つめる。少しのあいだそれを観察し、それから別のもので探ってみる。

10章

# ヒーリングができる、さてどうする?

QEセッションが終わったとき、リラックスしてやすらぎを感じたでしょうか。QEはヒーリングを受けるパートナーだけでなく、ヒーリングをするイニシエーターにも癒しをもたらします。どちらも、より静かで穏やかな感覚になるでしょう。リラックスは純粋な気づきの癒しが身体に現れた反応であり、やすらぎは純粋な気づきが心に映し出されたものです。

パートナーが心地よくいられるようにすることを覚えておいてください。QE体験をするとちょっとした混乱におちいる人もいます。とつぜん純粋な気づきが押し寄せて、少しのあいだこの世界から離れてしまうのです。そういうときは心と身体をいま、ここに再設定する時間が必要になります。もしそうなっても、たいてい数分くらいで戻ります。パートナーが回復するまでそっとしておいてあげましょう。

ひとつ確実なのは、QEセッションのあと1日か2日は癒しが続くということです。最初のセッションの20分か30分後にふたたび事後チェックをしてみると、ほとんどの場合、数値はより小さくなっているでしょう。癒しが続いているからです。パートナーがQEセッションからスムーズに日常活動に移行できるようにすれば、癒しのプロセスは滞りなく継続するでしょう。

ときには、特に延長QEのセッション（12章）のあとなど、パートナーが身体に適応するのにやや多めの時間を要することもあります。疲れが出たり心地よすぎたりして動きたくなくなるかもしれません。このような場合、できるかぎりパートナーが必要な休息をとれるようにしてあげてください。これは単に肉体的・精神的なストレスが大量に解放されているということで、この変化には短時間の休息がいちばん有効です。つまるところ休息は世界共通の癒しであり、純粋な気づきは最も深い休息なのです。もしパートナーがその場で横になって休むことができなければ、その晩は早く就寝するように勧めてください。翌朝には真新しい世界で目覚め、生き生きと活動し始めるでしょう。

事後チェックをする最もよいタイミングは、QEセッションが終わってパートナーが落ち着いた直後です。事前チェックと同様、パートナーに1から10の数値で痛みや違和感を示してもらいましょう。8章にあげた例でいうと、セッション前と同じように肩を動かしてもらい、痛みや筋肉のこわばり具合を判定してもらいます。これはQEを覚えたてのあなたに必要なフィードバックを提供しますし、パートナーにとっても自分の身体に起きた癒しをより客観的に確認することになります。

QEはとても素早く簡単に癒してしまうので、まるで何も起こらなかったかのように見えることがよくあります。ですから事後チェックをすると多くの人が目を丸くして驚きます。30年間も苦しんだ痛みや不調がたった30秒で消えてしまった人々の顔はどれだけ見ても飽きないものです。

QEは毎回効いていますが、必ずしも望んだ通りに進むわけではありません。純粋な気づきは全体を見渡し、癒しがどのように起こるべきかを正確に知っています。ほとんどの場合、QEセッションの直後に大幅な症状軽減のサインが見られます。もしそこで問題が完全に消えていなければ、身体が適応するのにもう少し時間がかかるというだけです。癒しは翌日も続きますし、ときには何週間かして癒しを感じることもあります。

ワークショップの参加者に朝のうちにQEをすると、その時点の事後チェックでわずかな改善しか見られなかったのに、お昼休みの頃には痛みが完全に消えていることもめずらしくありません。実際の癒しはQEセッションのあいだに純粋な気づきを通して瞬時に起こっているのですが、その修正を身体が生理的に統合するのに時間がかかる場合があるのです。このことはあとでまた詳しく話しましょう。

だからといって、同じ症状にもう一度QEをしてはいけないというルールはありません。それが有効だと思えばセッションを繰り返してください。あるいは、もっといいのは1回のセッションで何度かQEをすることです。接触点Aは変えずに、接触点Bの指を別の場所に移動します。またはそのときあなたがベストだと感じたら、両方の指を動かしてもかまいません。

好きなだけQEをしてください。害になることはありません。ただし、多いほどいいという考えには注意が必要です。必ずしもそうとは限りません。1回の短いセッションで問題が解消されることを意図し、そこから始めてください。あとの章で「延長ＱＥ」を学びますが、いまはできるだけシンプルにしておきたいと思います。いいでしょうか。

さて、あなたがすることは以上ですべてです。とはいえ、ＱＥの技に磨きをかける当初はパートナーに少し尋ねてみるのもいいでしょう。セッション中どう感じたか、問題の箇所と一緒にほかの痛みも消えたか、またセッション後の感情的な状態についてなど。どんなことでも、ＱＥの力と可能性をあなたがより深く理解するために役立つことならぜひ質問してください。

ＱＥのプロセス全体が楽しいものです。最初はこうした説明がよくわからなくても当然です。実際にやってみると一連の手順が流れるように進むので、これを読んでいるよりはるかに簡単です。ただリラックスして、冒険心や遊び心とともに指示についていってください。ＱＥは誰でもできます。あなたもです。このプロセスは簡単で即効性がありますが、新しい手法ですから最初は繰り返し練習する必要があります。はじめが肝心です。最初の段階でフィードバックを数多くもらうほど、より早くＱＥの達人になれるでしょう。

みんなにＱＥをしてください。友達、家族、ご近所さん、それからペットにも。次章の「遠隔ＱＥ」を身につければ、パートナーが目の前にいなくてもできます。あなたは家でゆったり座ったまま、世界中の友達や家族に癒しをもたらすことができるのです。

ＱＥの練習で最初の数回は、あなたもパートナーも立った姿勢で行うことをお勧めします。そうすることであなたはより正確なフィードバックを得られるからです。特にパートナーの身体が揺れていたら、それは気づきが働いているサインです。パートナーの呼吸が急に深くなったら、それもまたQEの魔法が効いている兆候です。これらのサインは、パートナーが立っているほうが、座ったり横たわっているよりも観察しやすいのです。

また、はじめはパートナーのすぐ後ろ、もしくは少なくとも相手から見えない位置に立つのがいいでしょう。パートナーはあなたが目の前にいるより、視界に入らないほうがリラックスできます。でも癒しには影響ありません。QEはパートナーの精神状態に関係なく作用しますから。むしろそれはあなたのやりやすさや集中のためと言えます。最初はパートナーの視線が気になって、自分の動作を逐一見られると気が散ってしまう人もいるでしょう。

もうひとつ、実践的なアドバイスがあります。指をあてるのはパートナーが痛みを訴える場所でなくてもいいということです。身体のどこを触っても、内臓を含むあらゆる部分を癒すことができます。

私はあるときブックフェアで自分の本の宣伝活動をしていました。すると、そこにいた作家が話しかけてきて、私がなにか不思議なことをして痛みを取り除くと聞いたと言うのです。どこか痛いのですかと私は尋ねました。彼にはひざの関節炎があり、フェアのあいだ立ちっぱなしだったので炎症を起こして腫れ上がっていました。私は彼に、ひざの痛みが強くなる姿勢で立ってもらい、事前チェックをしてから本の箱に座らせました。彼のひざに触れるには私が腰を曲げなければならなかったため、かわりに肩に指を置きました。彼はすぐに振り向き「痛いのはひざだ」

と言いましたが、「大丈夫、ひざに働きかけているから」と私は答えました。

私は意図を設定し、肩の上のほうの筋肉に3点法をし始めました。1分もしないうちに、さっきのように立ってひざをチェックしてみるよう彼に言いました。彼はその通りにすると目を大きく見開いて——私が見飽きることのない表情で——顔じゅう驚きでいっぱいにしました。痛みから解放された彼は自分の売り場に戻り、私よりたくさん本を売っていました。私が指をあてたのは彼の肩でしたが、QEの偉大な叡智はひざが癒しを受け取れるようにしてくれたのです。

ときには痛み（もしくはその他の症状）がよくなる前に、いったんひどくなることもあります。パートナーにはよくあることだと伝えてください。このとき身体は、癒される過程で一時的に症状を強める必要があるのです。3点法を続けていれば、ほどなく痛みはひくでしょう。まれにパートナーの不快感がつのって続けられない場合があるかもしれません。そのときにはセッションをいったん中断し、別の問題についてQEをするか、あるいはただ静かに座っていてください。数分後に事後チェックをしてまだ不快感があるかどうか確認します。もし続いていれば、もう一度QEをしてください。おそらく痛みは消え、それ以上の問題は起きないでしょう。

最後に、癒しはあなたが起こすわけではありません。ゆえにあなたはその結果について責任を負うことはできません。これは重要なポイントです。結果に責任を負えないとすれば、あなたは結果にこだわりようがありません。言いたいことがわかりますか？　自分のQEセッションの結果にこだわりがなければ、どんな結果でも受け入れられます。それがあなたの期待以上であれ以下であれ、あなたの心は不調和を背負わずにＱＥの果実をそのまま受け入れることができます。不調和のない心にはユーフィーリングが反映されます。あなたもすでに知っている通り、ユーフィーリングはＱＥの癒しが展開するために不可欠です。

ＱＥセッションを始める際、結果としてどのくらい癒しが起きるかは予測できないことをパートナーにも告げておくと、ずっと楽になります。「起きることをそのまま受け入れましょう」と言ってもいいかもしれません。また、すべてが即座に現れるわけではなく、セッションのあと数日にわたって癒しが続くことも付け加えます。終わりに、さらなる結果のためには追加のセッションが必要になる場合もあることを伝えましょう。

先に進む前に、ここで明確にしておきたいことがあります。ＱＥはどんな種類の癒しに用いることもできますが、すでに行われている治療手段の代わりとしてでなく、つねにそれと一緒に併用されるべきです。ＱＥは従来の医療行為を強力に後押しします。それらの治療を促進するように働き、癒しの質を深めたり回復時間を早めたりするのです。しかるべき医療を受ける前にＱＥで症状が消えてしまった、という場合もあるでしょう。しかし症状が治まったとしても、必ず専門家に診てもらい、隠れた原因や問題がないかどうか確かめるように勧めてください。

ＱＥをすればするほど、あなたの人生に癒しが満ちてきます。純粋な気づきに親しむにつれ、それは日々の生活全般に広がり、夢にも思わなかったような深い充足感をもたらすでしょう。あなた自身の気づきだけで、どこにいても癒しを起こすことができるのです。

ＱＥを続けていくと、人々の役に立てる喜びが大きくなります。そしてシンプルなのに人生を変えるほどのこのプロセスを分かち合ったことに感謝されるでしょう。まだまだ表面をほんのひと掻きしたくらいです。先を楽しみにしてください。

11章

# 遠隔QE

「遠隔《リモート》QE」とは、パートナーに触れないでQEをすることです。部屋の向こう側からでも、地球の裏側からでもできます。遠く離れた場所での瞬時の相互作用を、量子物理学ではエンタングルメント（量子もつれ）といいます。ただしエンタングルメントは光より速く情報を運ぶことはできません。

世界中で何万もの人々が、あなたのようにただ本を読むだけで、友達、家族、顔も知らない人にQEを行い、素晴らしい成果をあげています。多くの人が各国の言語に翻訳された本を読んでいますが、それでもQEは効果があります。そして利便性の点で、ほとんどのQEセッションは遠隔でなされています。もうすぐあなたもわかりますが、イニシエーターたちはいとも簡単にそれをやっているのです。遠隔QEなんて信じられないと思っていても大丈夫。あなたが信じても信じなくても、QEは作用します。QEは科学的に再現可能なプロセスです。それは事実です。信じなければ効かないわけではありません。嘘だと思うなら、痛みから解放されたペットにQEを信じていたかどうか聞いてみてください。

## 遠隔QEの進め方

すでに述べたQE3点法が基本になります。ステップは同じですが、少し応用を加えます。もちろんパートナーが物理的にそこにいないことを補う必要はありますが、遠隔QEはどんなペアワークより断然簡単です。どういうわけか、いまタンゴが思い浮かびました。さて……やってみましょうか。

## 代役を立てる

代役とは代理人、つまりパートナーの代わりをしてくれる人のことです。配偶者、子ども、新聞配達の少年、隣の席の同僚など、温かい身体をもっていれば誰でもかまいません。その人を代役に、遠くにいるパートナーが目の前に立っているとして遠隔QEをします。遠くにいるパートナーの名前やイメージや存在をあなたの意図に含めるようにしてください。

ペットを代役にすることもできます。動物は質問をしないので立派な代役になります。飼い主の変わった行動には慣れているし、セッションの終わりにご褒美のおやつがあれば、なおさら喜んで協力してくれるでしょう。あなたの唯一のペットが腹ぺこのピラニアだとしたら、すばやい指使いとバンドエイド1箱が必要でしょう。もしセッション中にあなたの指がおやつになったらご褒美はいらないかもしれませんね。

もうひとつの代役は人形かぬいぐるみです。紙に絵を描いてそれを代役にしてもいいでしょう。パートナーの名前を書くだけでもかまいません。どんな代役でも、ちゃんと役目を果たします。やってみてください。きっと楽しくて驚くでしょう。

## イマジネーションを使う

想像力豊かな人なら、心の中でパートナーを呼び出して3点法を行うことができます。現実の肉体にあなたの指を置くかわりに、それをイメージするのです。ではいつ止めればいいのでしょうか。実際の身体に触れているときと同じように、イメージした指の下でリラックスする感じや溶けるような感覚があるでしょう。

イマジネーションを使ったQEには二通りあります。ひとつはパートナーがいるところに自分もいると想像することです。遠隔QEをしているあいだ、相手がいつもの椅子に座っているのを思い浮かべてください。もうひとつの方法は、パートナーをあなたのもとへ連れてくることです。魔法を使うあいだ、あなたの目の前にパートナーの姿をイメージします。もしくは、あなたの好きな場所で会うイメージでもいいでしょう。あなたを制限するのはあなたの想像力のみです。

## エアQE

エアギターというのを聞いたことがありますね。鏡の前でギターを抱えたふりをして、つまびいたり、かき鳴らして腕を振り回したりする、あれです。エアQEもそれと似ています。立つか座るかして、パートナーが目の前にいるのをイメージします。目は閉じても開いてもかまいません。実際にあなたの身体を動かしてそのパートナーに指をあてます。パートナーがそこにいるかのようにすべてを行うのです。ただし、何も知らない配偶者に見られないよう気をつけてください。「ルーシー、いったい何をしてるんだい！」ってことになりかねませんから。

遠隔QEは練習にもってこいの方法です。必要なすべてが含まれているのです。私は夜眠りにつく前に遠隔QEを行います。たいていはその日に助けを求めてきた人々をリストにし、そこにアルツハイマー病や癌などで継続的なヒーリングが必要なパートナーを加えます。はじめはQEセッションをためらっていた友人も、いまでは定期的に電話で遠隔QEを依頼してくるようになりました。

あなたも練習すればすぐ、1日のちょっとした合間にいつでも遠隔QEができるようになります。私はパートナーが症状を説明しているあいだにQEをしたこともあります。話が終わる頃には痛みは消えていました。これほど創造の力に接近し、その奇跡的な働きを目の当たりにできるのはまったくもって素晴らしいことです。制限があるのは私たちの無意識な心だけで、QEはそれさえも修正してしまうのです。

## セルフQE

あなたはQEの驚異をどうやって自分に使えばいいか、実際にはもうおわかりでしょう。これまでに話したやり方をどれでも自分に試してみてください。直接患部に触れなくてもいいということを忘れると、自分の背中や手の届かないところをヒーリングするにはヨガのテキストを購入しなくてはなりません。それより、患部には触らなくてもいいことを覚えておくほうがよっぽど簡単ですね。たとえば背中の真ん中に痛みがあれば、ひざや胸に3点法をしても同じ効果があります。またはここで述べた遠隔QEのどれかを使ってもいいでしょう。

## 動物および無生物へのQE

QEは最も根源的ですべてに浸透している純粋な気づきから引き出されるので、動物にも無生物にも効くはずです。そしてその通りなのです。考えてみれば、それほど不思議なことではありません。ペットに薬を飲ませたりカイロプラクティックをする人もいるのですから。でも、いわゆる無生物に関してはちょっと頭をやわらかくしなければならないでしょう。

無生物の物体であっても、最も精妙なレベルでは生命が振動しています。究極的に言えば生命のないものなどありません。最も精妙な振動においては、その起こりである純粋な気づきが存在しているのです。そのためQEは物質にも効果があります。それを発見して大喜びした人がたくさんいます。もし車のバッテリーが上がってしまったり、冷蔵庫の調子が悪かったりしたら、ちょっとQEをしてみてください。損はしないでしょう。少なくともQEによってあなたの不満は修復されます。動物たちもQEにみごとに反応します。パートナーはこのヒーリング法を信じなくても結果が得られるし、あなたがヒーリングしていることを知る必要すらありません。あなたのペットにQEをしてください。元気すぎるアライグマ、働きすぎのアリ、わずらわしい熊など、困った動物たちにも試してみましょう。

食べ物もまた、創造的なQE実践者にとって探求しがいのある分野です。食品、水、サプリメントなどにQEをするのです。意図としては、有効な成分を強化したり、毒素を取り除いたりすることかもしれないし、食事の前に胃腸の消化吸収力を高めることかもしれません。食前にお祈りをしている人は、その最後にQEを加えてみてください。

いろいろと使い道があるでしょう? 何にでもQEを使って1日を過ごしてください。あなたの思いやりに環境がどんなふうに応えてくれるのか、きっと楽しくなりますよ。

# 12章 感情QE

ここまで、おもに身体へのQEについて話してきました。それだけでも充分素晴らしいのですが、もっと先があります。「感情QE」は心の痛みを和らげてくれる強力な手段です。身体的な不調和と同様に、感情的な不調和も瞬時に取り去ることができるのです。感情的な不調和の原因はたいてい私たちの心が過去とみなすものの中に深く埋め込まれています。QEには過去がなく、未来もありません。過去や未来という概念は幻想であり、心をはてしない底なしのスパイラルに縛りつけます。別のいい方をすると、時間の流れは心の中でつくり出されるのです。過去にこうだったとか、将来こうなるという固定化が心の病の種となり、それは時間の厳父の監視下でのみ発芽し、生長します。

量子力学によれば、時間は流れてはいません。時間という幻想をつくり出すのは私たちの意識の流れです。この時間という幻想が苦しみを生み出すのです。

将来のことを考えるとき、私たちは時間を前に進んでいます。記憶を思い出すときには時間を後ろへと戻っています。こうした動きのすべては、私たちの心の中で起こります。自分の心の中以外には、この世界のどこにも存在していません。そんなふうには見えないでしょうが、あなたの時間、あなたの未来、あなたの過去は、ほかの誰とも共有されていないのです。

誤解しないでください、人生は存在しています。でもそれは私たちが思っているような存在の仕方ではないということです。この誤解こそが圧倒的な苦しみを生み出すのであり、その苦しみは世代を超えて深くなるばかりです。

感情QEは、こうした心の習慣的な動きを止め、いい、いまだけに注目させます。ずっと過去や未来に占領されていた心を現在に連れ戻し、罪悪感、怒り、心配、恐れなどから解き放つのです。感情的な不調和にQEをするとき、私たちはそれらに純粋な気づきの明るい光を投じます。その光のもとでは、調和していない感情やものごとも癒しの静けさと明晰さで観察することができます。そうすると、いままで通りの人生の映画が目の前で繰り広げられたとしても、傷ついたり苦しんだりする感情にそれほど支配されなくなるのです。

## 感情QEはどう働くか

心の痛みを取るのは、身体の痛みを取るのと同じくらい簡単です。おそらくもっと簡単でしょう。あなたはパートナーの感情的な苦しみの原因を知る必要さえありません。むしろパートナーの心の問題を聞き出さないことを私はお勧めします。これにはふたつの理由があります。まず、パートナーのプライバシーを尊重するという点で安心してもらえます。あなたをよく知らなかったり個人的なことを話したくないというパートナーであれば、なおさらでしょう。ふたつ目に、あなたは他人の感情に対処しなくてよいので感情的に消耗しないですむということです。少なくともその時間は不要になります。

感情QEは完璧に安全です。それはどんなセラピーでもありません。イニシエーターは何もしないので、分析もトレーニングも無用です。パートナー自身が感情の不調和を、純粋な気づきという癒しの水に浸すことで癒しが果たされます。イニシエーターはそのプロセスを開始させる、ただそれだけです。生々しい感情のぬかるみに踏み込む必要はありません。それはその方面の専門家にまかせましょう。

専門家といえば、もしあなたが精神科医や心理療法士なら、いつもの治療に感情QEが大いに役立つでしょう。はじめに事前チェックをし、すぐに感情QEをしてください。するとまず問題の主要な原因がおおかた苦労なく消えてしまうかもしれません。そうなれば、残った問題に従来通りのやり方で集中的に対処できます。感情QEは、すでに治療を始めている患者にも素晴らしい効果があります。ときには長期にわたり立ちはだかっていたブロックを解消してしまうこともあり、たいていは癒しのプロセスが加速されます。

感情QEによる癒しは恒久的です。恐れは根底的な感情であり、そこからすべての感情が派生しています。恐れが生まれるのは、エゴが純粋な気づきから離れて個としての存在を選択するときです。パートナーが感じているのが怒りでも、不安でも、罪悪感でも、悲しみでも問題ありません。それらすべての根底には、純粋な気づきから分離しているという恐怖があるのです。感情QEは恐れを充足感で満たし、エゴを純粋な気づきへと戻してやります。記憶はさざ波のように残りますが、弱まっていく感情はやがて至福の海へと溶け込みます。

## 感情QEの進め方

まずはパートナーに、心の痛みの内容を告げる必要はないことを伝えてください。純粋な気づきが癒すのであり、あなたはただそのプロセスをスタートさせるだけだと説明しましょう。これでパートナーは個人的な感情の問題を胸にしまっておくことができます。

それからパートナーにその苦しみをつくり出した出来事について考えるように言います。はっきりした出来事が特になければ、心の中でその感情を確認してもらってください。そしてその感情をできるだけ強く感じるよう促します。もうこれ以上強くならないというところで感情の不快感を1から10で判定してもらいましょう（10が耐えられないレベル）。この事前チェックの数値を覚えておきます。

あとは身体の問題のときと同じようにQEを進めてください。QE3点法あるいはリファインドQEのどちらを用いてもかまいません。

セッションが終わったら、パートナーが落ち着くまで少し時間をとりましょう。感情QEは身体のQEよりも時間がかかることがあります。パートナーの準備ができたら、同じ出来事を思い浮かべて不快感の強さを1から10の数値で判定してもらってください。

この時点で、多くの人がさっきの感情をうまく思い出せないと言います。もしくは、「感じようとしているんだけど1か2くらいにしかならない」と言うこともよくあります。その顔の筋肉はリラックスし、声は軽やかになっているでしょう。

なぜ不快な感情があるのか、その理由が本人にわからなくても、感情QEはそれを瞬時になくすことができます。意識的に気づいていなくても純粋な気づきは問題の根源に触れることができるのです。ときにはセッション中にパートナーがつらい出来事を思い出し、話し始めることもあるでしょう。深くしまい込まれていた幼少期の心の傷を発見したときは特にそうです。そのことをあまり重大視しないでください。ただ静かにして、よければ目を閉じるように言いましょう。そのつらい記憶を取り戻した時点で、いまわしい感情はすでに中和されていますから、それ以上時間をかけて関わらなくてもいいのです。

パートナーの感情的な葛藤が癒されるきっかけとなり、あなたも満たされた気持ちになるでしょう。この混迷の世界が、ロウソクひとつぶん明るくなったのです。

# 13章
# 延長QE

「延長QE」は、たとえば糖尿病や心臓病、アルツハイマー病や癌のような慢性もしくは長年の病気や重篤な症状に有効です。また深い感情的葛藤を和らげて癒すためにも特に効果的です。通常のQEセッションを数分または数回やっても症状が変わらない場合、延長QEを考えてみるといいでしょう。

その名前が示すとおり、延長QEは通常のQEの時間を延長したものです。そうすることでパートナーと同様にイニシエーターもずっと深い恩恵を受け取ることができます。実質的に5分以上のQEは延長QEとみなされます。延長QEをすると、この世界の車や星々や人々だけでなく、その空間へも純粋な気づきが深く浸透していきます。そして純粋な気づきはほとんど手に触れるほど明確な実体となり、力強く回復させる癒しの軟膏となるのです。

延長QEはひときわ強力です。そして特に大切なのは、何がなされるべきかを純粋な気づきは知っていると心に銘記しておくことです。人間の性《さが》ゆえに、私たちは命にかかわるような状態に取り組むときは強く願ったり頑張ったりしなければならないと感じるものです。つまり、自分はただ癒しの意図がすでに含まれたプロセスを開始させるイニシエーターにすぎないことを忘れてしまいがちなのです。癒しは起こるかもしれないし、起こらないかもしれません。それは私たちの手が及ばないところです。状態が重いからといって、もっと強く願ったり頑張ったりする必要はないのです。必要なのはシンプルな無心さのみで、ほかに何もいりません。それだけで事はなされます。

## 延長QEの進め方

延長QEは5分から1時間くらい行います。必要によって短くしたり延ばしたりできますが、私のセッションではたいてい20分前後がちょうどいいようです。

通常の1分か2分のQEセッションとまったく同じように延長QEを始めてください。最初は立った姿勢で始め、数分したらパートナーに座ってもらうのが私は好きです。パートナーの具合が悪いときは横になった状態でもかまいません。

延長QEには、気をつけるべきちょっとした違いがあります。はじめに接触点に指をあててユーフィーリングを待ちます。延長QEを続けていると、心がどこかへさまよい出すでしょう。それに気づいたら、ただそっとユーフィーリングに気づきを戻してください。ユーフィーリングが変わってしまうことも多いでしょう。最初に体験していた静寂や平和が、至福感、喜び、恍惚感などに変わるかもしれません。どんなユーフィーリングでも、ただそれに気づいていましょう。

数分ごとに、あなたが感じたタイミングで、接触点の指をパートナーの身体の別の部分に移してください。どこでもかまいませんが、延長QEでよく使われるのは、ひたい、こめかみ、心臓部、みぞおちなどです。指を新しいところへ移したら、すぐにまたユーフィーリングに戻って何分か気づきを保ちます。

長い時間ユーフィーリングとともにいると、より微細なレベルの癒しを感じるようになるでしょう。関節の動きが滑らかになったり、肺が開いて生命力をもたらす空気を取り込んでいるのがわかるかもしれません。何かしら別の癒しの力が働いているのが見えたり感じられたりすることもあるでしょう。そこに巻き込まれないでください。何が見えても、それ自体が展開していくのにまかせます。純粋な気づきの癒しの波が湧き起こり、形になるところを、あなたは最前列の席で見ています。あなたは創造と再生を目撃する無心の観察者です。それ以上のことはできません。この瞬間は特別だと知り、静かな目撃者としての幸運に感謝しましょう。

もしかすると、あなたやパートナーの体内で働いている抽象的なエネルギーが、幾何学模様や流れや渦巻きとなって見えるかもしれません。天国の門が開いて黄金の光が降り注がれるかもしれません。天使が歌い、癒しを祝してトランペットを吹くかもしれません。そのとき、あなたは何をすべきでしょう？　すべてをそのまま受け取るだけです。シンボルや現象の意味にとらわれないでください。ただそこに在り、純粋な気づきによる癒しが広がっていくのを楽しみます。

延長QEのセッションが終わったら、パートナーが目を開けていつもの状態に戻るまでに少なくとも2～3分はかけましょう。それが最低限です。5分あるいは10分必要かもしれないし、しばらく横になって休む必要があるかもしれません。パートナーにはあとで疲れが出たら休むように、そして夜はよく睡眠をとるように伝えてください。

通常の短いQEセッションと同じく、延長QEで始まった癒しはその後1日か2日ほど続きます。ときにはパートナーが翌日になって疲れを感じたり、感情を体験することもあります。これはとても深い癒しが起きているというサインですから、できるだけよく休み、しっかり食べ、少し軽い運動をするように勧めるといいでしょう。

私はカウンセリングのセッションでも大いに延長QEを頼りにしています。感情の浄化および身体の癒しに優れた効果があるからです。そしてもちろん、私自身のためにもなっています。いつか最終的なパラダイムシフトが起きて、壁を通り抜けたり羽のように宙に浮いたりするときでも来ないかぎり、私は今後もずっとこれを頼りにしていくでしょう。もしもそんなときが来たら皆さんにもお知らせしますが、それまではQEとその多彩な方法にお世話になるつもりです。

パート II

# ユーフィーリングと<br>QE意識、QE意図

14章

# 〝私〟とは誰か？——永遠の自己に出会う

人間の進化には、私たちが生きてきた以上のものがあります。人生にはもっと何かがあるということを私たちは生まれながらに知っています。おそらくあなたも、静かな絶望の淵で自分にそう問いかけたことがあるでしょう。それはたいてい中年期あたりでやってきます。望んだものはほぼ手に入ったのに、漠然とした虚しさや内的な物足りなさを感じるのです。その声は、心の海をそっと波立たせるくらいにすぎませんが、どことも知れない内側の奥深く、静かなところから聞こえてきます。それが何か重要なことを告げようとしているのがわかり、あなたはなんとか聞き取ろうとします。けれどその声はあまりにかぼそく、日々の生活の風や波にかき消されてしまいます。そうして私たちは先祖たちが代々夢見てきた人生をそのまま歩み続けるのです——環境を支配し、結局のところ富と権力と自尊心の反映であるような人生を。

虹のふもとに黄金のつぼが見つかるというおとぎ話のように、私たちは人生に幸せを期待しています。幸せに見えるものはすべて、恋愛もセックスもお金もみな現実のまぼろしにすぎません。手に入れてもそこには実体も確かな価値もなく、私たちが心から望んでいるものを与えてはくれないのです。それは自分自身の真の姿をはっきりと純粋に知覚することでのみ、もたらされます。本当のところ、私たちは人生を半分しか生きていません。いまだスピリチュアルな表皮をほんのちょっと引っ掻いたくらいです。ダイナミックで心躍るような、平和と豊かさの具現者としての潜在力を充分開花させるところまでは成長していないのです。

未熟な大人の破壊的性質から解放されるために必要なものはすべて、私たちに生まれつきそなわっています。

いまよりもっとずっと多くの調和と癒しを実現できるということについては、たぶんそれほど異論はないでしょう。破壊的性質を克服すべきだとか、ポジティブな言動によって中和すべきだとか言っているのではありません。その両方ともすでに追求してきたのに、どちらも長続きしなかったのではないでしょうか。私は何もしないことを提案します。事実、何かをしようとすることは状況を悪化させるだけなのです。

ただ知覚を転じるだけで、ことは簡単に成し遂げられます。私たちの内なる子どもは本能的に知っています。大人がすべきなのは、いまここで、これが真実だと受け入れることだけです。それこそすっきりした真実です。では、その知覚とはどんなものでしょう？　どうすればそれが私たちの真実になるのでしょうか。

あなたの身体と心が何を体験していようと、それにいっさい影響されない不変の部分があります。沈黙する永遠の目撃者、あなたの内なる〈自己《セルフ》〉です。それは時間のない悠久の自己であり、あなたから離れることはありません。どうして離れられるでしょうか。あなたは自分の身体や心から離れることはできても、〈自己〉から離れることは決してできないのです。

人生において何か揺るぎないものがあるとわかっただけで、とても落ち着くでしょう。自分のなかに朽ちることのない部分があるのを知ると、なぜだか私たちは安心するのです。誰かに説明したり見せたりはできなくても、それがそこにあることをあなたは知っています。いまはそれで充分です。

心配しないでください。この体験をあなたの生活にいきいきと息づかせる方法をすぐに学びます。まずは気づきを高めた状態で生きるとはどういうことか、もう少し詳しく見ていきましょう。次の体験で、大人の心が囚われている強固な思考の牢獄を打ち破ることができるでしょう。

## ＊永遠の自己に出会う

幼い頃の記憶を呼び起こします。ひとりで静かに遊んでいる場面、あるいは何か楽しいことをしている場面でもいいでしょう。次に、もう少し大きくなった頃へと心を移します。それから思春期、青年期、そして現在まで、それぞれに思い出を選んでください。それらの記憶をもっと鮮やかに甦らせましょう。好きなだけその出来事にひたり、音や匂い、身体の感覚、心に感じた感情などを思い出してください。古い記憶から始め、ひとつの記憶が終わったら次の記憶へ移ります。

人生それぞれの時代の記憶を訪れたら、心の中でそのすべてをいっぺんに川のように流してください。そうすると、自分が記憶を観察していることに気づくでしょう。それはまるで川岸に立って、流れる思い出を眺めているかのようです。この瞬間、あなたは心に生じていることの観察者になっています。思い出を観察している自分に気づいてください。

ではは思い出のなかから、ひとつの出来事を選び、その記憶をできるだけはっきり思い出してみましょう。記憶が展開されるのを見ていると、実際にその出来事が起こったとき、記憶を作りながら自分がしていることを見ていたあなたがいたのがわかるでしょう。出来事のさなかにも、それを観察しているあなたがいたのです。別の記憶を訪れ、その出来事が起こったときにも観察者のあなたがいたことに気づいてください。

次に、さきほどのすべての思い出をはじめから終わりまで、続けざまにすばやく通して眺めます。子どもから大人へと成長するにつれ、あなたの身体も知識も感情も願望も能力もすべて変わりました。でも変わることのない何かがありました。〝私〟という感覚、沈黙の目撃者である〈自己〉です。それはいまここにあるのと同じように、つねに存在していました。あなたはそれに気づいており、そしていまこの瞬間のプロセス全体にも気づいているということを意識してください。その当時も気づいていたし、いまも気づいていることに気がついてください。その気づきの中には何もなく、ただ気づきだけがあります。それは変わることもなければ死ぬこともない、気づきそのものです。

私たちの多くは、ニュートンの法則世界、因果律にもとづく目的志向の世界に住んでいます。XとYを行えば目標のZに到達するはずだと信じているのです。そのため、いい教育を受けて、いい仕事に就けば、結婚し、家を建て、犬を飼い、その後の人生をまあまあ快適に幸せに暮らせるだけの安心と富を手に入れることができると考えます。しかし実際、10年前に立てた計画通りに人生を歩んでいる人はどれくらいいるでしょう。すべて計画通りにいく人生など、ほとんどあり得ません。人生には別の計画があります。私たちは自分が欲しいもののために頑張りますが、人生は私たちに必要なものを与えます。人生は私たちの旅に実現可能な選択肢を示し、私たちがそれに抵抗すれば障壁をもたらすのです。

ここでいう「人生《ライフ》」とは、すべての人に通じるあらゆる自然の法則のことです。これらの法則は人類、地球、さらに私たちの理解を超えた広大な世界をも支配しています。さらにそれらすべての根底に横たわっているのが、いまを知覚することによる「完全性の法則」です。どういう意味でしょうか? 言葉に惑わされないでください。まったくその通りの意味です。〝いまを知覚する〟とは、純粋な気づきに気づくこと、通常意識から無限の気づきへとただ意識を転じることです。これを読んでいる人なら誰でも難なくできます。それは、子どもの自由さと大人の進化の力をひとつに統合するミッシング・リンクなのです。

もう少しだけ聞いてください。いまを知覚することにどんな効果があるかだけでなく、どのように母なる自然の恩恵を受け取り、葛藤とストレスにともなう影響から自由になれるかという話です。私たちが自然の法則をねじ曲げたり無視したときには咎《とが》められることを知ってください。子どもだった私たちを教え導き、しつけるのは母親でした。大人になると、その役目は母なる自然に引き継がれます。ご存知のように、母なる自然は無慈悲で容赦ないこともあれば、慈悲深く愛情豊かで惜しみなく与えてくれることもあります。それを決めているのは母なる自然ではなく、私たちのほうなのです。

これは空想話でもユートピア的哲学でもありません。私が話しているのは、いまあなたが吸い込んでいる空気と同じくらい現実的なことです。このように気づきが高まった在り方で生きた人の例はいくらでもあります。これは何か新しいことを学ぶというより、むしろ思い出すということです。自分とは何者かを思い出し、自分の本質を思い出すのです。コントロール中心の大人社会に生きながら、自由な子ども時代に返るということです。子ども時代と大人時代をひとつにし、両方のよいところを合わせて、わくわくするような人生を新たに創造するのです。これは一種の悟りであり、私たち一人ひとりの内にひそむ、静かな力への入り口となるでしょう。

# 15章

# 無を見つける

人間は――あなたや私のことですが――自由で楽しいことを愛するようにできています。そのために必要な道具はすべて持っているのに、私たちは照準をのぞき込まず、ただ銃身を見下ろしているようなものです。労働の成果ばかりを重視し、その背後で働く〝まとめあげる力〟にはほとんど注意を払いません。そのため、私たちの人生は逆転してしまっているのです。

4章の「思考を止めるエクササイズ」で、あなたは目を閉じて座り、問いかけをして何が起きるか待ちましたね。待っているあいだ、何も起こらないことを確認しました。思考は止まり、あなたは完全なる無活動の瞬間を楽しみました。思考の隙間には純粋な気づきが待っていることを発見しました。純粋な気づきが本当にいつでもどこにでもあるのなら、いまこの瞬間もここにあるはずです。この本を読んでいようと、どんな活動をしていようと、あなたは目を開けたまま純粋な気づきに気づくことができます。次の体験をしてみてください。とても簡単にすぐできてしまうので、どうしていままでずっと気づかなかったのか不思議に思うでしょう。

……………………

### ＊無を見つける

首を左へひねり、そこにある物を見つめます。

次にすばやく首を右へひねり、そちらにある物を見つめます。

最初の物から次の物へと首をひねって視線を移すあいだ、心の中に何がありましたか？　何もありませんでしたね。あなたの心は完全に空っぽでした。何度でもやってみてください。結果はいつでも同じ……無です！

すでに話した通り、無とは純粋な気づきであり、純粋な気づきはあなたの本質です。あなたが知っていること、体験していることのすべては純粋な気づきの上にあります。仏陀は「無を見ることが道を知ること」だと説きました。ビートルズは「無が僕の世界を変える」と歌いました。そして私、フランクはこう言います、「そこに無がある」。どういう意味でしょうか？

１本の木に気づくとき、心で受け取ったその木の印象が純粋な気づきのスクリーンに映し出されます。私たちはそれを思考と呼びます。この場合には木についての思考です。それは木そのものではありませんね。この木という思考は、ちょうど目の前のスクリーンに映画が映し出されるように、純粋な気づきに映ります。スクリーンはいつもそこにありましたが、映像が映し出されるまでは映画は始まりません。あなたの心もこれと同じです。純粋な気づきという心のスクリーンに思考や感情や外界の知覚といった生きた映像が映し出されるまで、人生は始まらないのです。

問題なのは、純粋な気づきを忘れ、心に映し出される映像自体が現実だと思い込んでしまったときです。つまりあなたの心の中の木を、実際に裏庭に生えている木そのものだと見なしてしまうのです。それは映画を見に行って、スクリーンに映っている人物を自分と同一視するようなものです。自分を映画の一部だと信じているとき、あなたは泣いたり笑ったり、恋にときめいたり興醒めしたり、映画が見せてくれるすべてのドラマを体験します。その背景にあり、すべての映像を支えているのはスクリーンです。それがなければ映画は成立しません。映画が好きならおわかりですね。でも人間として心の中で生きているうちに、人生のすべての映像は心のスクリーンである純粋な気づきに映し出されないかぎり存在しないことを忘れてしまうのです。

あなたが純粋な気づきに気づくとき、自分自身の本質、すなわち無限で不変の根本的性質に気づいています。純粋な気づきに気づいているとき、あなたは安全です。純粋な気づきに気づいていると、純粋な気づきののびやかな安定性、力強さ、平和や喜びをはてしなく吸収する宇宙のスポンジのようになります。すぐに努力なしに、感情的・精神的な不調和は〈自己〉の広大さへと溶けていくでしょう。純粋な気づきから平和や調和や絶対的安心を引き出し、人生はそれらの性質を反映したものになります。あなたが純粋な気づきに気づいていないときは……どんな感じか、すでにご存知ですね。

**純粋な気づきに気づく↓ゆるぎない安全↓健やかな感情↓クリアな思考↓力強い活動**

純粋な気づきに気づくことは素晴らしい冒険ですが、それ以上のものがあるのです。ここからQEのメインテーマに入ります。ユーフィーリングとそれが人生にもたらすものについてです。端的に言って、ユーフィーリングはあなたの最も深い望みを叶えてくれます。そうです、ユーフィーリングがわかるようになると、あなたが最も深く求めてやまない切望、置き去りにされていた心のいちばん奥深くにひそむ願いが満たされるのです。悪くないでしょう？　でも本当に素晴らしいのは、ユーフィーリングは誰でも簡単に体験できるということです。あなたもです。私の言葉が信じられなくても、ほどなくあなた自身で証明することになるでしょう。

先を急ぐわけではありませんが、ここでぜひ伝えておきたいことがあります。あなたとユーフィーリングが旧友のように親密になったとき、さらなる驚きが待っています。あなたの人生という映画を書き換えるのです。あなたの気づきにユーフィーリングが定着したあと、どうやって人生で望むものを手に入れるかを学びます。より多くのお金、もっと深い人間関係、やりがいのある仕事、旅行、自由な時間、そしていちばん大切なのはより以上の楽しさです。でもあなたの世界をすっかり変えてしまう前に、ユーフィーリングについてもう少し学び、その奇跡がどう働くのかを見てみましょう。

大人になってからというもの、私の人生は努力の連続でした。とりわけ悟るための努力は大変なものでした。私にとって悟りとは永遠の幸福を意味し、心の中には非現実的な悟りのイメージがありました。至福の雲の上を歩きながら、苦しんでいる人々を見下ろしてこうつぶやくのです。「おやおや、下ではみんな苦労している。よかった、私はすべてを超越したのだ」と。

悟りが私の目標になり、少しでも早くゴールにたどり着こうと燃えるような望みを抱いていました。そのときにはまさか、自由への道だと信じている願望そのものが、絶えず振り出しに戻る迷宮に自分を閉じ込めているのだとは気づきませんでした。願望とは、自分の尾を呑み込む蛇、ウロボロスです。願望が達成されたときには何も残りません。そうとわかれば、それは朗報です。道の始まりも終わりも無なのです。道の途中も同様ですが、それに気づいている人はほとんどいません。

いいことをお知らせしましょう。自分が無限の至福と永遠の自由を探す道にいると気づいたら、すぐにその道を降りてください。もし〝無限で永遠な何か〟を探しているのであれば、それはすでにあなたがいるところにあるはずです。いまいる場所へ行くための道なんてありませんね。もうそこにいるのですから。おわかりでしょうか。到達しようとするのをやめてください。すると静寂が待っています――大嵐のあとの凪《なぎ》のように。あなたの具体的な目標が実現するのは、恐ろしい嵐と闘っている最中ではなく、嵐の雲がその力を使い果たした後です。そのとき、あなたは新たな陽光のなかでユーフィーリングという基盤に立ち、辛抱強くあなたを待っていた平和と豊かさに気づくでしょう。

16章

# もっと無を見つける

## ＊もっと無を見つける

なにか簡単な動作をしましょう。いま読んでいる本を置くとか、部屋を歩くとか、どんな単純な動きでもかまいません。その動作の途中で、急に動きを止めます。そして心に何があるか注目してください。次に、身体が何を感じているかに注意を向けます。

どんな動作でも途中で止めると、心は空っぽで身体は静止しているのに気づくでしょう。どこにいようと、何をしていようと、ひとつの動作の途中でも人生の旅の途中でも、〝無〟がいつでもあなたとともにあるのです……いつでも！

食料品店を見つけるとか、経済的な安定を確保するといった相対的なものごとには道が必要です。人生において相対的なことを得たり発見したりするには道がなければなりません。けれども純粋な気づきやユーフィーリングのように、いつでもどこにでもあるものについては、道はほとんど役に立ちません。役に立たないばかりか人生の無駄使いです。

どれほど懸命に頑張ったところで、すでに持っているものを手に入れることはできません。無限の愛に到達する道があると信じていると、その信念で真実が覆い隠されてしまいます。木を見て森を見ずです。ひたすら頑張って、頑張って、頑張り抜いて何年努力してもいいですが、それでもすでに持っているものを手に入れることはできません。どうして私にそんなことがわかるのかですって？　それは私自身が過去にずっと必死で頑張り続けてきたからです。

あるとき、頑張るのをやめてみたら、とてもいい気持ちになりました。それで私はこう思いました。「頑張らないでこんないい気持ちになるんなら、本気で頑張ればどれほどやすらかな気分になれるだろう」と。この考えがいかに馬鹿げているかわかりますか？　やすらぎは無活動からやってくるのであって、活動からではありません。あれもこれも頑張っているあいだは、平和な瞬間はやってこないのです。それが来るのは心が休んでいるときです。もし私がそのまま頑張らないでいたら、ずっとやすらかでいられたでしょう。ところが私はそうせずに、頑張って、頑張って、もっと頑張ったのです。

これはよくある勘違いです。私たちはゴールに到達し、必死で頑張って何かを手に入れると、とてもよい気分を味わいます。そしてそれは、求めるものが得られたからだと考えます。でも、じつは深いところで内なる心地よさを感じるのは、もうそれを得るために頑張らなくていいからなのです。そこには喜び、平和、充足感に満たされた、完全なる無為の小さなスペースがあります。私たちは平和の本質を誤解しているために、その小さなスペースをさらなる活動で埋めようとします。ゴールに到達したとたん、そわそわし始め、すぐにまた次に登る山を探しにかかるのです。心がすでに次の目的地へと向かっているときは、静寂の瞬間を楽しむこともできないでしょう。幸せはつかの間のものだと心は考えます。そして永遠に続く幸せを探し求めるのです。ここに、ユーフィーリングが登場します。

　ユーフィーリングはいつでも、どこにでもあります。いつもあなたにあると言ったのは、そういう意味です。ユーフィーリングはいまもあなたにあるのに、あなたがそれに気づいていないとしたら、どこへ行って何をすればユーフィーリングが見つかるのでしょう？　とてつもなく単純な答えですが、ユーフィーリングに気づくという以外に、行くべきところも、すべきこともないのです。ではどうすれば気づけるでしょうか。答えは、頑張らず努力しないことです。これが秘訣です。つまり子ども時代に別れを告げて以来、ずっと首に下げてきた〝苦しみ〟というお守りを外す鍵なのです。探そうとするのをやめてください。

# 17章 努力なしに知覚する

……………………

## ＊努力なしに知覚する

1から10のうち、数字をひとつ思い浮かべます。次に、好きな色を心にイメージします。最後に、高い木を思います。ではひとつずつ思い浮かべてください。数字、色、木。

数字を思い浮かべてから次に色をイメージするとき、心を移すのにどのくらい苦労しましたか？ こんなふうに言ったでしょうか。「さあ心よ、数字を思い浮かべよう。心に数字が浮かんだぞ。次は頑張って色をイメージするんだ。よし、色をちゃんと心に描けた。じゃあ、今度は木にとりかかろう」――もちろん、まったく違いましたね。心はひとりでに、あるものから次のものへと苦もなく移りました。このプロセス全体が努力いらずでしたね。

このエクササイズは少し誤解を招くかもしれません。どうやって努力なしに知覚するのかという方法はいっさい教えていないからです。あなたはすでにできていました。このエクササイズの真の目的は、知覚するプロセスがいかに楽なものか、意識的に気づいてもらうことです。あなたのほうで何かしようとすれば邪魔になるだけなのです。

さて、すでに学んだことを少し振り返ってみましょう。まず、ユーフィーリングは無限でどこにでもあるので、つねに私たちにもあります。怒りや不安といった普段の感情は無限ではなく、過去や未来、記憶や希望や恐れなどに縛られています。感情の種類や強さは、その瞬間にどのくらい安心を感じているかに左右されます。私たちは嵐の海で舵（かじ）を失った船のように、感情の荒波に翻弄されることもできます。もしくはユーフィーリングの安定性に碇（いかり）を下ろし、内なる平和や、喜びや愛を感じることもできます。ユーフィーリングに気づくためにするのは、ただ知覚するだけです。知覚に努力は不要ですから、ユーフィーリングを知覚するのも努力いらずです。

あなたはこう思うかもしれません。「ユーフィーリングをそんな楽に知覚できるんなら、どうして私はいままでわからなかったんだろう？」と。その通り、知覚は楽にできます。ですがそれは懐中電灯の光のようなものなのです。あなたはただ観察したいところに光を当てるだけです。ところがこのプロセスがいくら簡単でも、ほら、対象があなたの気づきのなかで反射して光って見えますね。ところがこのプロセスがいくら簡単でも、懐中電灯の光を違う方角に向けていれば、探しているものは決して見つかりません。ユーフィーリングを見逃してしまう理由はただひとつ、違う方角を探しているからなのです。どのようにユーフィーリングを見つけるかを学べば、知覚する方向がわかります。

そうすると、もう二度と見失うことはありません。あなたに正しい方向を教えるのが私の仕事です。それがすんだら私は退場しますので、あとはあなたとユーフィーリングで知り合い、仲良くす。

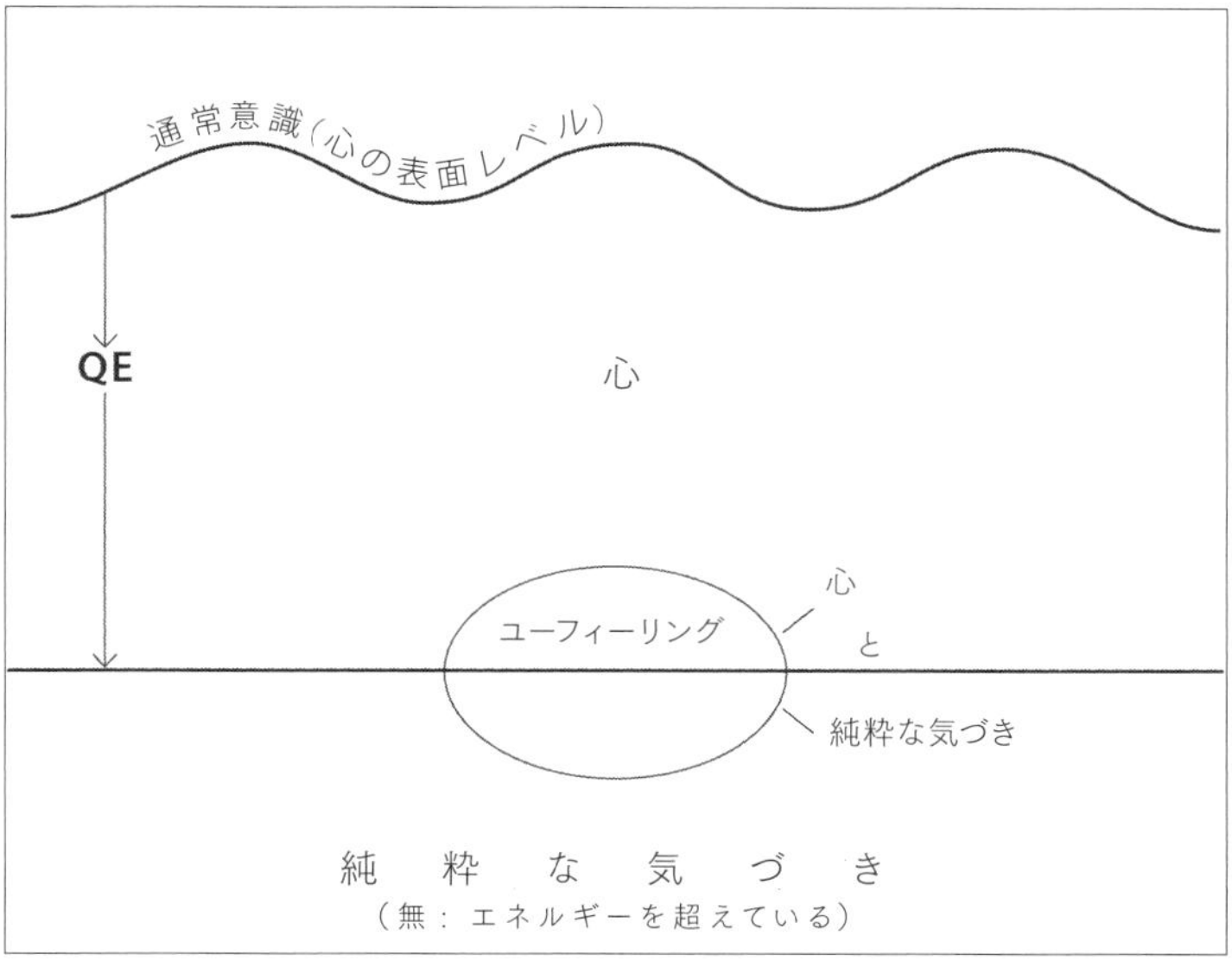


なってください。

ユーフィーリングがどこにあるのか把握しづらいという人のために、ちょっとした図を描いてみました。

上の図のように、QEは私たちを通常意識から、心を超えて純粋な気づきまで連れていってくれます。ユーフィーリングは純粋な気づきと創造世界の両方に存在するのです。創造世界はここでは心として描かれています。ユーフィーリングは、無限と創造世界の両方に存在する唯一の〝もの〟です。

ユーフィーリングに気づいているとき、あなたは最も微細で調和に満ちたレベルから考え、行動することができます。すなわち、思考、言葉、行動のすべてがよりバランスよく整い、物質レベルで充足に至る可能性を最大限に広げることになるのです。

ではユーフィーリングに気づくことが、いかにして私たちの健康や富や愛を最大限に引き出すのか、さらに探っていきましょう。

# 18章 ユーフィーリングをあなたの世界に連れてくる

自分の内側にユーフィーリングを見いだすことは、人生全体を回転させている中心軸が見つかるということです。ユーフィーリングに気づき始めると、人生は時間に影響されない確固とした無限なる創造の本質に碇を下ろすようになります。ユーフィーリングの気づきがない人生はアンバランスですが、その心配は少なくともあなたにはもうありません。あなたは新たに目覚めた人々の一員であり、そこにあぐらをかいている暇はないのです。ええ、ユーフィーリングを知覚することは容易ですが、洞窟に住むのでもないかぎり、少し時間をとってユーフィーリングを日々の生活に統合しましょう。

QEを学ぶと、心や感情の活動を超えて、純粋な気づきに入っていくことができます。そして純粋な気づきを忘れてこの相対的世界に戻ってくる代わりに、ユーフィーリングを知覚することが身につきます。ユーフィーリングはあなたの意識を、思考が生まれる心の最深部、最も静かなレベルに落ち着かせます。静かにユーフィーリングの至福感に包まれているとき、あなたはまさに創造の目撃者となるのです。目撃者としての立場に慣れるとすぐに、心の奥深くで最も精妙で力強い生命のレベルから創造するということがわかってくるでしょう。豊かさや健康をはじめ、この創造の力と恩恵が人生に反映されるプロセスを「QE意図」といいます。QE意図を学ぶと、あなた自身が創造の主《あるじ》となり、それでいて自分で何かをする必要はなくなるでしょう。

無為を知り、そこから願望が満たされます。あなたの打ち立てた堅実な力が、あなたの願望を包み、物質界で実現するように働くのです。このQE意図は、あなたの経済的自由、感情、問題解決、慢性疾患などに使えるのはもちろん、最も素晴らしいのは、まわりの人たちの本当の望みが実現するよう手助けできるということです。

私はものごとをシンプルにすることに大きな喜びを感じます。どこを見ても、人々は一生懸命努力しているのになかなか成果が上がりません。仕事の量を増やして質を下げれば、そのぶん多くの仕事はこなせるでしょう。ビジネスの世界には、少ない活動でより多くの成果を上げようとする風潮があります。おかしなことに、そのためにものすごく必死で働いている人たちもいます。究極の解決策を求めてもっともっと多くのことをするのは、確固たる基盤を持たない、現代人の忙しい心の特徴です。逆説的ですが、解決をもたらすのは、内なる平和の深い調和に根ざした静寂の心なのです。QEの心のマントラは、「何も為《な》さず、すべてを成し遂げる」です。あなたが心の奥底で快くくつろぐようになれば、何も為さずにすべてを成し遂げる方法、QE意図が身につきます。

ユーフィーリングを使うことはできませんが、あらゆる場面でユーフィーリングに気づき、それがどのようにあなたと周囲の人たちの人生の質を高めるかを見るでしょう。それは本当に驚くべきプロセスです。最初は、心が腕まくりをして創造の仕事にとりかかろうとするでしょう。エゴが「私はすごいことができるんだ。素敵なものをたくさん人生に現実化させよう」と言うのが聞こえるかもしれません。それは自分の価値を示したいとか、影響力を持ちたいという思いに駆られてのことですが、エゴはただ自分を誇示したいだけです。またたく間にエゴは手放すこと、自然――この場合はユーフィーリング――に任せる意味を知るでしょう。そしてこれまでも創造はずっとエゴの助けなしで完璧に成り立ってきたことが、一点の曇りもなくはっきりとわかるでしょう。「私が創造者だ」という重荷はぼろぼろになった衣服のように肩からすべり落ち、「私は創造の展開を見ている観察者だ」という気づきに取って代わります。

ですから、私は以前のように外側に対して働きかけることは勧めていません。あなたは〈自己〉の深遠な静寂にとどまることを身につけ、その至福の席から秘かに種を植えるのです。それはあなたの人生で千の花びらを広げる蓮の種です。やがてこの内なる充足が日々の人生に反映されます……素敵なものをたくさん現実化させることもできます！

では、内なる平和と外なる豊かさを創造する次のステップに移りましょう。静かになり、あわただしい活動を減らして、ユーフィーリングに気づくことから始めます。椅子に座り、次のエクササイズをやってみてください。

## ＊ユーフィーリングと一緒に座る

少なくとも15分は邪魔されない場所で、楽に座れる椅子を用意しましょう。携帯電話の電源を切り、ペットを部屋の外へ出し、ドアを閉め、椅子にゆったりと腰かけてください。そしてリファインドQE（9章）を行います。室内を歩き、周囲のものに静かにユーフィーリングを感じたら、ふたたび椅子に座って目を閉じましょう。そのままリファインドQEを続け、もう一度ユーフィーリングに気づきます。これを5分間、保ちます。

5分ほどしたら、ゆっくりと指を1本動かし、その直後に5秒か10秒、ユーフィーリングに気づきを保ちます。次に手全体を動かし、それからまた5秒か10秒、ユーフィーリングに戻ります。このプロセスを身体のほかの部分でも繰り返します。たとえば、手や鼻、左目、右ひざ、それから頭部というふうに、身体のどこかを動かし、そのたびすぐユーフィーリングに戻るのです。どこをどんな順番で動かしてもかまいません。身体のどこかを動かしたら、忘れずにそのあと5秒から10秒、ユーフィーリングに気づきを保ちます。最後にQEをして、ユーフィーリングの無心の気づきを3分から5分保ってから終わります。

このエクササイズを1日に2回から4回くらい行うことをお勧めします。1回15分ほどのセッションが理想的ですが、それにこだわる必要はありません。5分のセッションを3回か4回できれば充分です。あなたに可能な範囲でかまいませんが、このエクササイズをした日から連続して

3日か4日はかならず毎日するようにしてください。QE意識がしっかりした基盤を確立することが大事です。その上にQE意図が築かれるのです。少なくとも、日に一度は指示を読み返し、QEに自己流の癖がしのび込んでいないことを確かめてください。きっとあらゆる機会をとらえて、心の奥深くでユーフィーリングとともに過ごしたくなるでしょう。あなたが人生を新たに創造するのは、まさにこの意識のレベルからなのです。

じっと座って行う必要はありません。車を運転していても、同僚と話していても、歯をみがいていても、思い出したときにいつでもユーフィーリングとそれに伴う深い静寂に気づいてください。義務感でなく、ぜひ楽しんでみてください。ほどなく、あなたの心がひとりでにユーフィーリングへと向かうようになるのがわかるでしょう。その流れに乗って、思いつくたびユーフィーリングに気づくことを心がけてください。ユーフィーリングに気づいているのが数分でも数秒でも、この時点では問題ありません。覚えておいてほしいのは、「簡単で楽しくなければQEではない」ということです。

あなたがユーフィーリングのやすらかな無限の本質と同調し、日常生活でもQE意識の静かな力に馴染んできたら、お話ししたいことがさらにあります。特に、心、エゴ、願望、そして苦しみのメカニズムをしっかり見ていきましょう。きっとあなたも引き込まれるでしょうし、私も話したくてうずうずしています。心の準備ができたら先に進みましょう。

19章

# 苦しみの解消

願望！　この言葉を聞いたとき、心はなんと明るくなることでしょう。願望は想像力をかきたて、身体は喜びを受けとめようとします。願望は行動に拍車をかけます。深海の探検、最高峰の登攀、銀河の彼方へと人類を駆り立てるのは願望を達成しようとする探求心です。それは力強い動機となり、しばしば眠れない夜の原因となります。私たちは願望に駆り立てられて戦争に走り、病気を治し、社会を築き、魂の深みを旅します。

願望は恩恵であり、苦しみでもあります。達成されれば恩恵をもたらし、達成されなければ苦しみをもたらします。あらゆる生命は痛みを避け、喜びに向かうものです。限界を超えて最大の可能性を発揮するよう私たちを鼓舞し、突き動かすのが願望なのです。

願望の幅は広く、心の裏側をそっとくすぐるようなものから、破滅へと突き進ませる苦しいほどの執着まで、じつにさまざまです。先に進む前に、少し試してみましょう。願望とその欲求に付着した感情が私たちにどう作用するのかを見るエクササイズです。

次の文章を読み終えたら、本を置き、目を閉じて指示の通りにしてください。

## ＊苦しみの解消――願望をなくす

目を閉じて、あなたがとても欲しいと思うものを考えてください。心の底から望んでいる何かです。「もしこれが手に入ったら」と考えると、どんな感じがするでしょうか。興奮や希望を感じるかもしれないし、はらはらして落ち着かない気分になるかもしれません。少し時間をとって、その感覚をはっきり記憶してください。

それから、この欲しいものが実際に手に入ったと想像します。感じることがどう変化したか注目してください。期待や希望が、達成の喜び、満足感、誇らしさに変わっているかもしれません。感情の種類や質が変化したのがわかるでしょうか。

次に、手にしたものが不意に奪われたと想像してください。それを失ったとき、どんな感じがしますか？　おそらく暗い気持ちになるでしょう。喪失感や悲しみ、あるいは挫折感、怒りさえ感じるかもしれません。

この簡単なエクササイズは何を意味しているのでしょうか。一見したところ単純で無害に思える願望も、より深い観察眼で見るとかなり危惧すべきことがあるのに気づきます。すぐにわかるのは、願望と同時に感情が起こり、その感情は状況によって変化するということです。何かが欲しいと思ったとき、それを手に入れたとき、さらにそれを失ったとき、それぞれに違う気持ちを味わいます。ところがこの一見明白なことの裏にひそむものがかえって災いとなり、あとでわかるように、それが私たちの根本的な不安、心配、慢性的な不満足の原因になっているのです。いまからこの苦しみの秘密、不調和と不満足の種を見ていきましょう。

私たちの伝統的なアプローチ法はこうでした。手を伸ばして欲しいものをつかみ取り、自分のものにしなければならない、と。そして行く手をはばむ障害をいくつも乗り越え、ついに目標を達成したり目的のものを手に入れることに、はち切れそうな喜びを感じるのです。筋が通って見えますね。欲しいものを手に入れるだけで、「願望」と呼ばれる不快な棘《とげ》は取り除かれるのですから。でも残念なことに、望んだ対象を手に入れても一時の気休めにしかなりません。ひとつの願望がおさまるやいなや、もう次の願望が頭をもたげます。そうではありませんか？　短い幕間になんとなく静かな感覚があり——それは心がとろけそうな充足感です——その後ふたたび不安になり、すぐさま次の願望を鎮める旅に出発するのです。

裕福な国では、たいていの人々が望むのは〝欲しいもの〟であって、〝必要不可欠なもの〟ではありません。考えてもみてください。４枚刃のかみそりや52インチのテレビ、ブランド物のジーンズなどが本当に必要でしょうか？　12足もの靴（とても控えめに言っていますが、膨大な数をため込んだ人がいました……誰のことかおわかりですね）、ぴかぴかの赤いスポーツカー、それにホイップクリームとチョコチップをのせたエクストラ・ディカフェ・エスプレッソのダブル・モカ・ラテ。あなたのクローゼットや台所やガレージをちょっと覗いてみてください。欲しくて手に入れたけれどいまは使っていない物がたくさん眠っているでしょう。なかには値札がついたままの物もあるかもしれません。対象への渇望が満たされると魅力を失うのはよく経験することです。私たちは必要なものでも必要ないものでも望んでいいのです。それは明らかです。人生という果実は食べるためにあります。ちょっとテレビを見たり、新しい服を着たり、友人とディナーに出かけたりして楽しい気分にならない人がいるでしょうか。ここで問題にしているのは願望の良し悪しではありません。重要なのは、なぜ願望が生まれるのか、そしてもっと現実的で有効なやり方で願望を満たすことはできないか、ということです。

望んだ対象には願望を取り去る力があるように見えますが、よく調べてみると、それは真実ではないことがすぐにわかります。いえ、表面的には真実です。ですがその奥には、私たちを決して自由にさせない、より深い願望が横たわっているようです。この願望こそがすべての願望の始祖、発生源なのです。願望の大もとはメドゥーサの頭です。メドゥーサはギリシア神話の怪物で、頭髪が多数の蛇から成り、その目を見た者を石に変えてしまいます。くねくねとのたうつ蛇である髪の1本1本が小さな願望で、捕まえることはおろか触れることさえできません。神話によれば、蛇の頭をひとつ切り落とすとそこから2匹の蛇が生えてきます。あなたにも覚えがありませんか? ひとつ望みが叶うと、次にふたつの望みが出てくるのです。この厄介者を根こそぎ一掃する方法はただひとつ、メドゥーサの頭そのものを切り落とすことです。この比喩で言うと、私たちの最も奥深くにある根本的な願望を見つけ、それを満たすということです。

願望の対象を仕留めるとき、願望の炎症を鎮めるのです（おや、韻を踏みましたね！　私は詩が好きなんですが、あなたは？）。私たちは、あたかも対象それ自体に炎を消す力があるかのように見なしています。するとその対象を目指して努力するはめになり、意識的ではないとしても潜在意識下で、対象は願望の火消し役として祭り上げられます。けれども、このすべてが幻想なのです。

あなたがゴールにたどり着いたとたん――たとえば昇給したり、マイホームを購入したり、表彰されたり、恋人ができたり――嬉しさがそれほど長続きしないのに気づいたことはありませんか？　なぜでしょう。どうして充足感は持続しないのでしょうか。物でも人でも、組織、哲学、夢でも、対象はみな相対的な魅力です。それらはメドゥーサの魅惑的な蛇であり、私たちの心が生命の真実を直視するのを邪魔しているのです。ほとんどの人は究極の幸せをさがし求めて対象から対象へと人生を渡り歩きます。願望に駆り立てられているかぎり、死ぬまで休息はありません。外側のゴールは私たちを内なる平和から引き離します。そのため相対的なものをいくら手に入れても永続する充足感を見いだせないのです。私たちは絶対的なものに気づくべきです。つまりユーフィーリングです。ユーフィーリングは最終的なゴールです。それは願望を動機もろとも消滅させます。ユーフィーリングとは、願望の死です。

そうです、いよいよ核心です。メドゥーサのたとえ話をあと少し続けましょう。神話では、英雄ペルセウスがメドゥーサの首を切り落としました。ペルセウスはメドゥーサの蛇の髪をつかんで頭を高く掲げます。そのとき蛇はまだ生きていたのに、なぜかペルセウスを襲うことはできませんでした。私たちがユーフィーリングに気づくとき、願望はまだそこにありますが、私たちを捕らえることはできません。もはや有害な感情で私たちの心を締め付けることはできないのです。私たちが究極的に望んでいるのは、やすらかでいることです。ひっきりなしに願望の荒波に翻弄されるのでなく、普遍的な愛の海を自由に帆走することです。愛を求めることから解放されたいのです。私たちはただ愛のために愛したいのです。理由や状況や必要性から自由になりたいのです。QE意識で生きるとき、願望はユーフィーリングという広大な至福の海に生じる、穏やかなさざ波、喜ばしい戯れにすぎません。そこで私たちは木の葉も石も人も、すべてを同じように愛します。QE意識にある私たちはメドゥーサの目を正面から見つめ、かつて恐れが支配していた場所に普遍的な愛が住まうことを知るのです。

私たちがユーフィーリングに気づいているとき、ひとつの願望を満たしてもそれが別の願望を生むことはありません。ユーフィーリングに気づいているときはすべてが充足しています。QE意識は「願望―行動―願望」のサイクルを解体します。なぜなら全体性を感じ、傷つくことを超越したいという、根源的な願望が満たされてしまうからです。赤いスポーツカーへの願望は、いまや感情レーダーに映るただの信号です。全体性の海のさざ波でしかありません。あなたに境界のない全体性があれば、スポーツカーを所有するかどうかなど些細な問題です。ひとつの願望のさざ波が通り過ぎると、全体性の海はまた静かになります。

このことがよくわかる簡単な体験をしてみましょう。

あなたが好きなときに、好きなものを好きなだけつくり出せると思ってください。いままで欲しかったものをすべて手に入れているところをありありと想像します。食べ物、お金、友達、財産、尊敬など何でもです。時間をかけて、はっきりしたイメージを思い描き、どんな気持ちが湧いてくるか感じてみてください。視覚、嗅覚、触覚、聴覚、味覚、あらゆる感覚を使いましょう。

## ＊続・願望をなくす

さて、あなたは欲しいものが何でも手に入るので、すべてを手放します。貧しい人に、友達に、裕福な人に、先生に、母親に、子どもに……全部あげてしまいましょう。手放すのは簡単です。あなたはいくらでも想像できるとわかっているのですから。無尽蔵にあるとき、あげるのは簡単だというだけでなく楽しいですね。心地よさを感じるでしょう。無限の源から分かち合う行為は、しがみつく必要性からあなたを解放します。不足感や欠乏感がなくなり、それらに結びついていた願望からも自由になるのです。

万物はユーフィーリングを通ってこの世界に入ります。無限の源という領域があるとしたら、それはユーフィーリングです。正しくユーフィーリングに気づけば、あなたに代わって創造の力が総動員されます。これを私は「QE意図」と呼んでいます。QE意図を持つとき、自分が無限の豊かさであることに気づきます。願望は、母なるユーフィーリングの腕の中で赤ん坊が泣き止むように優しく静まります。そうすると、ユーフィーリングの自由自在な編成力が働いて、人生に秩序をもたらし始めるのです。完璧な調和のなかで、数多くの心を乱す願望の泥沼から自由になり、物質世界でも素晴らしい充足を感じるようになるでしょう。

QE意図は自然です。それは私たち本来のあり方であり、この豊潤な世界の全体性を自由に楽しむということです。どうやってQE意図を持つかを学ぶ前に、それがどのように働くか、なるべく深く理解しておいたほうがいいでしょう。次の章では、あなたの望みを支え、最も奥深い願望を叶えるように働く力を紹介します。その間もQEを定期的に行い、1日を通して好きなだけQE意識に入るようにしてください。ユーフィーリングの体験と理解が一致してくるにつれ、心はQE意図の繊細で甘美な喜びに浸る準備をし始めます。

# 20章 QE意図

ユーフィーリングに気づいた意識にはより深いレベルがあり、きわめて精妙なユーフィーリングの知覚を私は〝純粋なユーフィーリング〟と呼んでいます。この状態は思考のない状態として特徴づけられますが、これを〝純粋な気づき〟と混同しないでください。純粋な気づきの状態にあるとき、自分ではそのことに気づきません。純粋な気づきとは無体験、あるいは体験の脱落です。心がふたたび考え出したときに、はじめて自分が純粋な気づきの中にいたことを知ります。それは思考の隙間として、無体験の時間として認識されるのです。

純粋なユーフィーリングは、体験できる最も精妙な意識です。それは純粋な気づきとユーフィーリングを同時に知覚している状態です。つまり純粋なユーフィーリングとは、心の中に形や感覚として――喜びや平和や至福などとして――映し出される前のユーフィーリングを知覚することなのです。これは単に、思考のない純粋な気づきの状態と混同しないように話しているだけです。純粋なユーフィーリングは体験しているときに気づいているという点で、純粋な気づきとは異なります。気づいている自覚はありますが、気づいている対象は何もありません。

● 純粋なユーフィーリング　何もないことに気づきながら、気づいている自覚がある。
● 純粋な気づき　そのときには気づかず、ふたたび考え始めてから、思考に隙間があったことに気づく。

どちらもゴールではありません。純粋なユーフィーリングを体験しているとき、ゴールはなく、心に映し出されることをただ観察するだけです。思考に気づいているのか、ユーフィーリングに気づいているのか、純粋な気づきに気づいているのかは、いまは問題ではありません。いずれも関わり方は同じです。純粋なユーフィーリングというスクリーンに、創造の素晴らしいからくりが展開されていくのを無心で観察するだけです。

純粋なユーフィーリングは、最も純粋な知覚です。そこにゆがみはなく、この純粋さそのままの表出を邪魔するエゴも介在しません。通常意識では、因果律の恒常風によって思考が現実という岩礁に突進し、混乱と批判の水しぶきを上げて砕け散るかのようです。けれども心の最も奥深いレベルでは、そのような衝突は起こり得ません。そこでは思考や願望が生じると、瞬時に満たされてしまうのです。これが最高の驚きです！　純粋なユーフィーリングを体験しているとき、望むものは何でも手に入るのです。

純粋なユーフィーリングのレベルにある意識は、あなたを人生の創造者にします。もっと正確

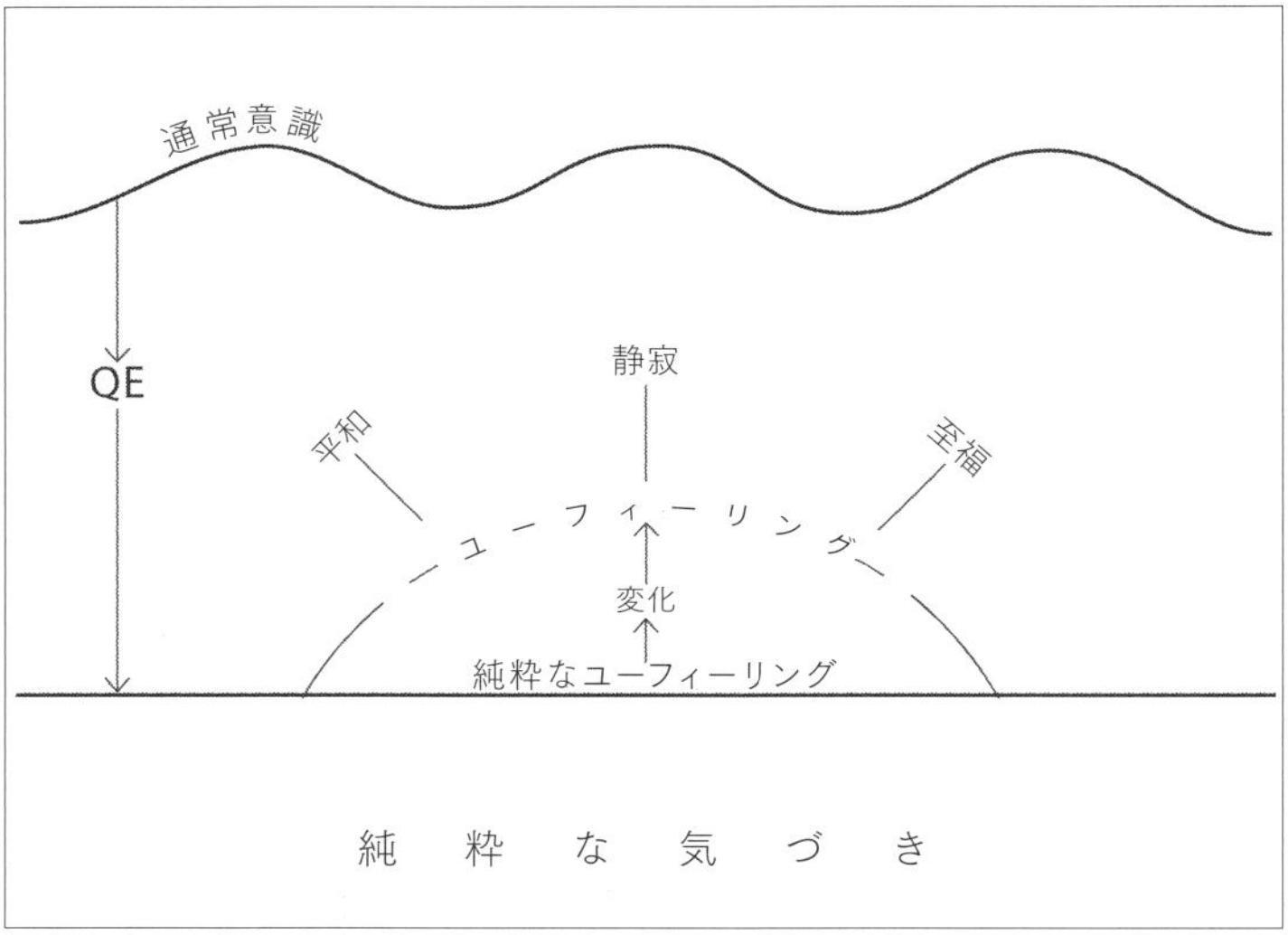


に言うと、あなたはエゴの意志を超えた最初の目撃者になるのです。そこではあなたは創造者であると同時に被造物であり、その両方にいながら両方を超越している、境界のない無限の気づきです。人生に起こる奇跡はこのレベルの意識からやってきます。あなたは純粋なユーフィーリングから経済的な不安や不満を鎮め、人間関係の怒りや不信感を解き、これまで心の雑音やガラクタに囲まれて見えなかった内なる力に目を開くでしょう。すべての生命はこの驚異的なレベルの意識から毎日、毎瞬、一新され続けているのです。もちろんあなたの生命も例外ではありません。

純粋なユーフィーリングを体験するとき、あなたは創造者であるとともに創造を超えています……わかります、意味不明に聞こえますよね。心《マインド》は形ある世界で機能しており、形のないものを理解できません。心はこの事実を抱えきれませんが、人には理解を超えた直感、洞察力があります。心にとって、これはパラドックスです。いったいどうやって思考やものごとに縛られたまま、無限の気づきであり得るのでしょう。心は自分が知っているストーリーだけを語ります。でも思い出してください。あなたは心ではありません。あなたは純粋な気づきであり、心にあふれる思考と思考の隙間なのです。そこにあるのはただひとつの創造です。ところが個人の身体と心を通して見るとき、創造のすべては個人的に狭く定義され、自分の人生として捉えられてしまいます。純粋なユーフィーリングは、あなたを観察者でありながら創造者であるという無限の意識状態に高めてくれるので、その両方の世界を最高に楽しむことができるのです。

これはとても重要な気づきです。「観察者でありながら創造者である」とは、どういう意味でしょう？　それは自分の人生を変えたり新たに創造したりできると同時に、疲弊するような感情の波に巻き込まれず、人生をコントロールしようとする通常意識の願望にも縛られないということです。つまり、もう成功をつかむために必死で努力する必要はないということです。全体性を生きる喜びのなかで、自由に悩み暮らしてもいいのです。このあと、QE意図を学びます。それは努力のいらない実現法です。人生のあらゆる面でうまくいくことが身につきます。QE意図が素晴らしいのは、ここまでの話を何ひとつ理解できなくてもいいということです。話すこと、考えることは、プロセスに縛られた心に属する精神的な機能です。どのようにそれが働くか、いっこうにわからなくてもＱＥ意図は不思議な働きをしてくれます。ですから、私が言うことを真に受ける必要はありません。信じていなくてもそれは働きます。このあとの数ページで、あなたはそれを証明するでしょう。

## 抵抗なしに受け取る

「ＱＥ意図」は再現性のある科学的手法で、とても簡単なので失敗はありません。静かな目撃者となり、自分のつくり出すものに巻き込まれずにいるとき、あなたはすべてをコントロールすることになります。矛盾して聞こえるでしょうが問題ありません。心がどう思うかにかかわりなく、ＱＥ意図は働きます。あなたのつくり出したいものに害がないかぎり、人生をすべて自在にすることができます。私たちはみな原因と結果という普遍的な影響のもとで生きており、その因果の法則を自分に有利になるようにねじ曲げようとしても、いい結果にはなりません。ＱＥ意図を持つと、あなたも、あなたの愛する人たちも、周囲の世界も、誤った考えや有害な行為から守られることになるのです。

純粋なユーフィーリングを体験しているときには害は及びません。あなたの望むものが自然の法則にかなっているとき、あなたはそれを手に入れます。とても単純なことです。でも聞いてください。もし自分にふさわしくないものを望めば、それよりもっと大きなものが与えられるでしょう。母なる自然は子どもが日常のエゴの夢から目覚めたとき、子どもに最も素晴らしい贈り物を授けてくれるのです。あなたに代わって母なる自然が、因果の法則が展開されるのを見守るでしょう。QE意図で自転車を望んだら、その結果、BMWが手に入ることになるかもしれません。あなたは望んで、くつろいで、待つだけでいいのです。

QE意図は、与えられたものを抵抗なく受け取れるようにしてくれます。創造の自然の流れに任せるとき、あなたは期待した以上の素晴らしい結果へと導かれるでしょう。手に入れるための方法や考えや物へのこだわりは、役に立つよりも邪魔になる場合には自然とあなたから離れていきます。言い換えれば、あなたは創造の中心である秘密の場所で、それがうまくいくかどうかを知る最初の目撃者になるのです。心を超えた静かな空間から聞こえてくる穏やかな衝動を最初に耳にし、あるがままを完全に受け入れるという非労働の果実を最初に味わうのです。

QE意図は、あらゆる意図のワークに不可欠な要素です。ユーフィーリングから遠ざかれば遠ざかるほど、結果をつくり出すために懸命に努力しなければなりません。意図のワークは努力なしであるべきです。これは特に物質面の願望において顕著です。あなたが純粋なユーフィーリングの完全なる調和から離れるほど、従うべきルールは増え、細部まで詳しく意図する必要が出てくるでしょう。従来の意図のワークでは、かなりの努力に加え、詳細さと繰り返しが必要とされました。新しい家が欲しければ、まず心の中でそれを建てるように言われ、レンガの一つひとつから電気のスイッチやコンセント、戸棚の把手《とって》の色や位置まで詳細に思い描くことが求められたのではないでしょうか。そうした方法では、詳細に思い描けば描くほどイメージが心に焼き付き、その家を手に入れるチャンスが高まると考えられています。あなたが実践してきた意図のワークにも多くのルールがあったかもしれません。ポジティブな心の状態で意図するようにとか、あたかもそれがもう達成されたかのようにイメージしなさい、または気がつくたびに意図を繰り返しなさい、などなど。

反復と詳細さを求めるこのやり方はしばしばうまくいきますが、その多くは一般に考えられているような理由からではありません。ご存知のように、私たちの夢を叶え、最も深い望みを満たしてくれるのは純粋なユーフィーリングの無限なる編成力です。膨大な詳細や絶え間ない反復に集中していると、いつのまにか心が奥深い静寂にすべり込むことがあります。意図を現実化させようと心がせわしなく活動していても自然とそうなるのです。このとき意図は、心がくたくたになるまで活動に集中させるマントラのような働きをします。くたくたになった心が適切にやすらげば、より静かなレベルに触れることができます。そこに撒かれた種は果実へと育ち始めます。でも心が疲弊したままなら、もっと面白そうなものを探し求めてさまよい出るか、ただ眠ってしまうかでしょう。

どれだけ早くその結実を見るかは、心の静寂のどれだけ深いところに意図の種が植えられたかによります。この静かなレベルに自然とアクセスし、意図の種をより深くに植えることのできる人もいます。そういう人たちの意図はたいていうまく働いているように見えます。けれども自分の心を静かにできない限り、それと同じようにしても同じ結果にはなりません。そのことで不満がつのり、自分は望んだものを手に入れるに値しないのではないかという疑いを抱く人もいるでしょう。それはまったく違います。意図のせいでも、プロセスのせいでも、ましてや失敗に値する人間だからでもありません。

意図がうまく働くかどうかは、ただひとつのことにかかっています。それは気づきの深さです。私たちに体験できる最も深いレベルの意識は純粋なユーフィーリングです。つまり、意図の効力は気づきの質によると言えるのです。どんな人でも、ほとんど練習も努力もなしに気づきの質を飛躍的に進化させ、意図の効力を高める方法を身につけることができます。

まもなくわかりますが、QE意図に必要なのは、自分の大きな希望や目標の結実を実感する、ほんのわずかな心の力だけです。いまあなたがしているワークをやめる必要もありません。そうです。これまでの意図のワークに、たったひとつ深遠なことを加えればいいだけです。意図について考えたり、そこに感情のエネルギーを注いだりする代わりに、心の静かな深み、はてしない可能性の世界にただ浸るのです。いつもの意図のワークに純粋なユーフィーリングを加えるだけで、効果てきめんだとすぐにわかるでしょう。

どうやってQE意図を持つのかを学ぶ前に、もうひとつ言っておきましょう。意図にはふたつの要素があります。意図の対象と、意図にまとわりついている感情です。意図の対象は、木、鍵、マルハナバチのひざ、車、家などといった具体的な事物かもしれません。あるいはより抽象的な、教育、もっと相性のいい関係や、スピリチュアルな調和などかもしれません。そして意図にまとわりつく感情の多くは、手に入らないのではないか、望んでいるものに自分は値しないのではないかといった心配や恐れから発生しています。たとえば、とても就きたい仕事に応募するとしたら、仕事が意図の対象です。そしてその仕事を得られるかどうか、とても心配だとします。この心配が意図にまとわりつく感情で、その仕事が得られないかもしれないという恐れから生じています。ほとんどとは言わないまでも、多くの場合、望んだものが手に入らないことより感情のほうが厄介で、人を衰弱させ、不快感の原因となります。仕事を得ることに関する心配が、現実に妨げとなる場合もあります。あなたが最有力候補だったのに、緊張のあまり面接でしくじってしまい、より条件を満たしていない別の応募者が採用されたりするかもしれません。

QE意図ではまず、目標が実現することにまとわりつく感情の不調和を解消します。感情の不調和を鎮めるのに何週間も何日もかからないどころか、数時間もいりません。QE意図は即座に感情の不調和を溶かしてしまうので、創造のエネルギーすべてが目標の実現に向かうことを可能にするのです。もしあなたがこの本で学んだのが感情の動揺を鎮めることだけだったとしても、本の値段の何千倍もの価値があります。しかし、まだまだ先があるのです……はるかにもっと多くのことが。

一般的な意図のワークには、弾みをつけるために感情をこめるよう勧めているものもあります。ポジティブな感情を意図に加えることはよい刺激にはなり得ます。それはより早く実現へと向かわせるかもしれません。ですが感情はあくまでも推進力であり、導く力にはなり得ないのです。QE意図を持つときは、道を誤りようがありません。あなたは何もしないからです。あなたはただ同乗しているだけの観察者です。QE意図は微細な力を生じさせ、あなたの望みを白日のもとにさらします。いつどのようにそれが叶うかは、まったく創造の力次第です。ユーフィーリングはあなたに代わって創造の力を整えてくれる背後の立役者なのです。あなたはいっさい頑張らなくていいし、自分に何か言い聞かせる必要も、ポジティブになるためにエネルギーを使う必要もありません。水が丘を流れ下るように、すべては自然とあなたから流れ出します。そっと望むだけで創造の力の流れに乗ってしまうのです。流れはあなたの努力に手を貸すのではなく、努力の向こうにある望みの実現へとあなたを連れていきます。あなたはたったひとつの思いだけで、みずからの創造の目撃者となり、平和と調和を生み出すことになります。

これから学ぶプロセスは、私たちがもっと〈自己〉と親しかった、はるかに単純な時代の手法です。それはシンプルでありながら、無知と無関心ゆえに失ってしまったところへ戻る奥の手でもあります。いろいろ話してきましたが、要するにQE意図とは、〈自己〉への個人的で親密な賛歌なのです。たとえここまで話してきたことが何ひとつ理解できなかったとしても、この魔法はあなたを包み込むでしょう。ですから、もしよかったら分析は脇に置いて、現代のように心に騒乱がもたらされる前の、原初の状態に戻る準備をしてください。

QE意図のセッションは一定の明確なプロセスです。少なくとも最初の頃はそうです。そのうち、まばたきする間に終わってしまうことになるでしょう。QE意図には何の準備もいりません。ただし現時点ではステップをひとつずつ踏み、確実に自然に馴染んでいくようにしてください。ほどなく、考えるのと同じくらい自然にできるようになります。

さて、QE意図がうまく働くには次のことがとても重要なので、特に注意してください。QE意図は、従来の意図のような働き方をしません。QE意図はそれ自体が唯一独特のもので、複雑さがなくストレートです。仮に家を手に入れたいとして、柱をひとつずつ組み立てたり、細部を鮮明に思い描いたりしなくていいのです。必要なものはすべてあなたの心の中にそろっています。あなたの望み、つまり家のイメージはすでに心の中に形成されています。望む家のイメージは、じつはあなたがそれに気づく以前からそこにありました。QE意図とは、そのすでにある望みに特別なやり方で気づくということです。そうすれば、創造の力があなたにそれをもたらすように働いてくれます。QE意図は、あなたの望みがより大きな計画の一部となり支柱となるよう、正しい位置に据えるのです。

すべての望みは、満たされるまで何かしらあなたのもとに残ります。ほとんどの場合、それらは心の静かなレベルに辛抱強くとどまり続け、見つけてもらうのを待っています。では、どうやってその望みや意図を見つけるのでしょうか？　ただ気づくだけです！　でも覚えていますか、意図の結実は気づきの質によるのです。純粋なユーフィーリングは、私たちに体験できる最も精妙な気づきです。純粋なユーフィーリングに気づきながら望みや意図に気づくと、人生のあらゆるレベルで満たされる可能性が最大限にもたらされることになります。

QE意図を持つとき、いわばあなたは純粋な気づきとパートナーシップを結ぶのです。純粋な気づきは万物の基盤です。純粋な気づきがユーフィーリングを介して投射されると、あなたが人生として認識するものが創造されます。純粋な気づきの最も純粋な表現であるユーフィーリングは、みずからが何をしているか知っています。ですから、家を建てるならユーフィーリングに建ててもらうのが一番です。QE意図は、あなたの願望や意図を手際よく優美に、最も精妙な表現であるユーフィーリングに据え付けます。そこはまさしく創造の座なのです。

## 何もしない——そしてすべてが手に入る

あなたにとって理想的な家は、あなたが心に描くものとは違うかもしれません。心のきわめて静かなレベルでの無垢な望みは、ほとんどの場合、強引で無秩序な思考によって追いやられています。ユーフィーリングは何があなたにふさわしいかを、あなたよりもよく知っています。どうすればあなたにも周囲にも不調和を起こさず、最も効果的にあなたにもたらせるかも知っています。もし思い描いた家があなたにふさわしいものだったら、その通りの家を手に入れるでしょう。あなたが思っていたよりもっといい家のことも大いにあり得ます。具体的に特定されない意図はユーフィーリングを自由にし、すべての創造の力を集めて完璧な住まいが見つかるようにしてくれるのです。

具体的で詳細になればなるほど、意図に自分の意志を押し付けることになり、もとの無垢な望みをゆがめ、叶いにくくしてしまうようです。もしかすると懸命に頑張って思い通りの家を手に入れても、完全には満足できないかもしれません。あるいは、せっかく望み通りのものを手に入れたのに、それが必要ではないとわかって喜べない人もいます。ですからQE意図のプロセスでは、意図を意識するように言われたら、あなたの望みを大まかにぼんやりと思い浮かべるだけにしてください。力仕事はすべてユーフィーリングにしてもらいましょう。では、何もしないですべてを手に入れる準備はいいですか？

はじめに、あなたは何が欲しいのかに気づきましょう。あなたの心にすでにある望みや意図に思いを向けます。何かほかのものに変えようとしないでください。それはすでに完璧です。その望みはあなたから創造されました。同じものはふたつとありません。自分の望みを認め、そのまま受け入れます。もっといいものにしようとか具体的にしようとすれば、完璧さが損なわれます。ですから意図を思い浮かべるように言われたら、あなたのすることは、すでにそこにあるものに気づくだけです。とても簡単でしょう？


…………

## ＊QE意図のセッション

15分ほど邪魔されずに座っていられる居心地のいい場所を見つけてください。落ち着いて、

QEのプロセスを学んだ通りに始めます。座ったままで目を閉じて行います。努力も期待もなしに、ただ思考を見つめましょう。じきに前と同じように思考はゆっくりになり、静かになったり、ふっと消えたりします。その過程でユーフィーリング、つまり静けさ、軽やかさ、穏やかさ、平和といった心地よい感覚に気づくでしょう。これまでの練習によって、目を閉じたとたんユーフィーリングが待っているかもしれません。どの時点でユーフィーリングを見つけても、はっきりと、そして優しく、その感覚に気づきが寄り添うようにしてください。ユーフィーリングの優しい反映を気づきの力で自然に包み込むようにします。

　このやすらかなユーフィーリングへの気づきをまる5分間、保ちます。もしも心と身体に深い静寂や静止の感覚が訪れたり、心と身体がなくなる瞬間があればそれを保ってください。(そうした心と身体の変化を探したり待ち構えたりしないように気をつけましょう。探そうとする心の活動が増えると、かえって起こりにくくしてしまいます。ここでの適切なアプローチは、身体と心がなくなったり、深い静寂や静止を感じているかどうかを単に確認するだけです)

　あなたのユーフィーリングに気づきを向けましょう。その感覚を見極めてください。それはやすらかな感覚ですか? 広がった感覚や、明るさ、至福、喜びのような感覚でしょうか。それが何なのか、くつろいで注目してください。ネコがネズミの巣穴を見張るように、わくわくしながら次にどうなるか見守ります。

この静かな状態でユーフィーリングを見つめていると、じっと静止している感じがしてきます。この静寂にもっとはっきり気づき、そっと注目してみましょう。静寂は身体の中にもあることに気づくかもしれません。それはどこにでもあります。静寂を観察しているあいだ、何も動いていないことに気づいてください。あなたの心も動いていません。すべてが静止し、なんの動きもありません。これが純粋なユーフィーリングです。あなたは気づいていますが、気づいている対象は何もありません。身体も、心も、あらゆるものが息を止めているかのように静止しています。

いま、あなたは穏やかにQE意図をつくり出す準備ができました。純粋なユーフィーリングの深い静寂の淵に入り、心をそっと望みや意図に向けてください。あなたの望みがどんなふうに心に現れても、そのまま気づいていましょう。それはひとつの思考のきらめきで、具体的な細部は何もありません。実際あなたの意図は、純粋なユーフィーリングの静かな表面をかすかに動く細かい霧のようであり、とても繊細でとても尊いものです。意図を組み立てたり、生み出したりはしません。何もしようとしないでください。この最もシンプルで完璧な、無心の純粋な状態でただ見守ります。ひたすら観察者の役を静かに保ちましょう。

意図を観察していると、それ自身が生命を帯びてきます。意図のまわりに考えが生まれ、映像やストーリーが自発的に展開しはじめるでしょう。そうです、そのままにしておきます。その繊細な心の活動が自由に展開していくさまを、あなたはただ見つめるだけです。映像やストーリーを1分かそこら展開させましょう。

では、純粋なユーフィーリングの静寂に意識を戻します。そこに純粋なユーフィーリングがなくても、なんらかのユーフィーリング（やすらかさ、喜び、軽やかさ、愛など）があるでしょう。こうした感覚のなかにつねに静寂は見つかります。それはあらゆるものの奥にあるのです。さっきと同じように、すべての動きが止まるまでその静寂を観察してください。もういちど純粋なユーフィーリングに気づいたら、QE意図のプロセスは完了です。

ひとつのセッションでこれを好きなだけ繰り返してかまいません。静寂の感覚についていき、望みや意図を軽く意識して、ふたたび静寂に戻ります。

---

これがQE意図のすべてです。もしもあなたの望みが不安や罪悪感といったネガティブな感情から生じていれば、すでにもう気分がよくなっているでしょう。調整の始まりです。そして物質レベルでの成就をもたらす創造の車輪も回り始めています。あなたはただゆったり座って、生命の精霊があなたのために喜びの機会を次から次へと開いていくのを見守るだけです。

ここで話を戻して、QE意図の実際のメカニズムをもう少し詳しく見てみましょう。QE意図において特に注目してほしい第一の要素は〝純粋なユーフィーリング〟です。それは最も精妙で最もパワフルな意識状態であるゆえに、最も抽象的なのです。QE意図が最もよく働くのは純粋なユーフィーリングの気づきからですが、ユーフィーリングにともなう、より抽象度の低い感覚に気づいている状態でも素晴らしく働きます。つまりそれは静けさ、軽やかさ、平和、喜び、至福といったユーフィーリングに気づいているときに感じる感覚のことです（ユーフィーリングの愛と平和の感覚は、純粋なユーフィーリングの静寂から来ていることを覚えておきましょう。それは純粋なユーフィーリングの無活動から最初に起こる心の活動なのです）。

私が言いたいのはこういうことです。QE意図を始めたばかりの頃には、純粋なユーフィーリングの静寂と、より一般的なユーフィーリングである平和や愛との区別があまりつかないかもしれません。実際、それは探しても見つからないでしょう。探すという行為は活動であり、無活動である静寂の無心で純粋な観察とは正反対です。そうですね、確かにこれは不思議ですが、私がそう決めたわけではありません。私はただ指摘しているだけです。嬉しいことに、ユーフィーリングでも、純粋なユーフィーリングでも、QE意図は働きます。ここまで、純粋なユーフィーリングという最も精妙な視点からQE意図を語ってきたのは、それが存在していることを知ってほしかったからです。でも、QE意図はあなたの心に起こるどんなユーフィーリングでも簡単に行うことができ、その結果もほとんど変わりありません。つまり、あなたのQE意図は次のようになるでしょう。

● ユーフィーリング（喜び、平和、軽やかさなど）に穏やかに意識を向け、その喜び、平和、軽やかさの奥にある静寂に気づく。この静寂が純粋なユーフィーリング。繊細に現れるままの望みや意図の上に意識をふわりとかぶせ、起きることを静かに見守る。
●数秒から1分ほどしたら、静かに純粋なユーフィーリングの静寂に戻る。

混乱をなくし、わかりやすくするために、ここから先は純粋なユーフィーリングとそれ以外の（感覚をともなう）ユーフィーリングの両方をひっくるめて「ユーフィーリング」と呼ぶことにします。ですから私がユーフィーリングと言うとき、そこには純粋なユーフィーリングも含まれていると思ってください。ただしQE意図を練習するときは、純粋なユーフィーリングを見つめ続けるようにしてください。いいですね。では先へ進みましょう。

ここで意図について少し説明します。QE意図には、望みそれ自体と、望みを叶えたいという意図が含まれます。QE意図を持つとき、望みと意図の両方を意識してもいいですし、いずれか一方だけに気づいていてもかまいません。QE意図をしながら、望みか意図のどちらかだけに意識がいくかもしれません。じつは望みも意図も同じひとつの源からやってくるので、どちらに気づいていようと両方が満たされます。心のスクリーンに映ったものを自分で操作しようとしないかぎり、どちらでも大丈夫です。意図に気づこうとする思いさえあれば、あとは何が現れてもいいのです。ここでも単純化するために、以降「意図」という言葉を使うときは、望みが含まれていると知っておいてください。望みと意図は密接に絡み合っているのです。

## 子犬のような、タンポポの綿毛のような

簡単で楽しいQE意図のやり方を紹介しましょう。これには独特の魅力があり、しかも前に述べた方法と同じように強力です。私自身、この方法が好きで、もっぱらこちらを使っています。やり方は次のようにします。

ユーフィーリングに気づいて自分の望みに意識を向けたあと、その望みが楽しくわくわくするような叶い方で実現しているのを象徴する、やわらかなフレーズを思い浮かべます。たとえば私の望みが誰かとの幸せな関係だったら、「遊んでいる子どもの喜び」や「川のようによどみない流れ」が思い浮かぶでしょう。それから心をユーフィーリングに戻します。ユーフィーリングは、QE意図が形になるには何をすればいいか正確に知っています。思考でストーリーを作り出さないようにしてください。必要なのはシンプルな言葉かフレーズだけです。結局のところ、始まりである望みをもたらしたのはユーフィーリングなのです。さあ、あなたは意図のイメージに気づき、ユーフィーリングが創造の車輪を回し始めます。

多くの人がこの方法を好みます。というのも、軽やかさが加わり、生き生きした創造の喜びがより間近に感じられるからです。心に浮かぶどんな言葉やフレーズも、それがあなたの意図の本質を反映したものであれば使えます。あなたの意図のイメージを一語もしくは短いフレーズにするだけです。あとはショーが演じられるのを見守ってください。私が使っている意図の言葉をい

くつか例にあげておきます。これらの例を使ってもけっこうですが、自分の言葉が意識にのぼってきたら、それを使いましょう。覚えておいてほしいのは、QE意図を行うたび、あるいは1回のセッションの中でも、あなたの意図は変わる可能性があるということです。固執しないでください。心の中に何が浮かんでこようと、あなたの望みを叶えるサポート体制は万全です。私が使っているフレーズは次のようなものです。

人間関係

- 母の慈愛
- 犬のように人なつこい
- 空のような開放感
- 海のように神秘的

経済

- お金の形をとった愛
- お金のなる木に水をやる
- 無尽蔵の井戸から与える
- 指先からお金

健康

- 山のように頑健
- タンポポの綿毛のように軽い
- 朝日のように澄んでいる
- 風のように流れる

スピリチュアル

- 石のような静寂
- 知ることなしに知る
- あらゆるものが私の本質（ユーフィーリング）
- 炎のない光

## 意図のサンドイッチを作る

意図はそのときによって変わるかもしれません。それが変わりたいように変わらせてください。自分の意識的な考えとは違う方向へ行くように思えても、干渉しないことです。意図そのものに表現させましょう。ここでは、内なる自己が外なるあなたを編成し直しているのです。磁石が鉄粉を配列し直すように、ユーフィーリングがあなたの人生の混沌とした要素を完璧な秩序にそって並べ替えてくれます。このとき、創造の全方向からあらゆる解決の可能性があなたに開かれます。これは通常意識の状態で意図して起こることではありません。その状態ではコントロールもイマジネーションも純粋でなく、ゆがんだ感情か脆弱な論理、もしくはその両方に影響されてしまうからです。

わかるでしょうか、あなたは意図をユーフィーリングのあいだにそっと挟んでいるのです。とても特別なものを創造しています。意図のサンドイッチとでもいうものを作っているのです。ユーフィーリングがパンだとして、純粋な気づきというテーブルの上に一切れのパンを置きます。そして静かなユーフィーリングのパンの上に、意図の肉を（あなたが菜食主義なら豆腐ハンバーグを）ふんわりと載せます。その上にユーフィーリングのパンをもう一切れ載せます。するとどうでしょう……完璧な意図のサンドイッチが出来上がりました！　もちろんちょっとした冗談ですが、でもこの比喩はQE意図の作り方のポイントを突いています。つまり、「ユーフィーリング―意図―ユーフィーリング」です。

QE意図を見るときのもうひとつのポイントは、普遍的な愛の目を通して見るということです。普遍的な愛は母親のようです。母親はあなたの望みがすべて叶ってほしいと願っています。あなたの望みとあなたを区別することなく、あなたを愛するように、あなたの望みも愛します。あなたがQE意図を持つとき、普遍的な愛はその母なるユーフィーリングの腕であなたの望みを包み込みます。そして育み、愛し、成長し発展するよう促します。もしあなたが有害あるいは無駄なものを子どものように欲しがれば、母親はあなたを違う方向へ、もっと生産的な方向へと導くでしょう。もっと素晴らしいことに注目させて、最初の望みを鎮め、それよりはるかに豊かなものをもたらすかもしれません。

ＱＥ意図で、ユーフィーリングの静寂のベッドに自分の意図を優しく横たえると、次のどちらかが起こるでしょう。意図はすぐさまユーフィーリングの中へ消えていくか、もしくは意図そのものが映画のように生命を帯びてくるかです。後者の場合には、気づきのスクリーンに展開される意図の映画を1分くらい見てください。それから意識をそっとユーフィーリングに戻します。映画が始まらず、意図がすぐユーフィーリングに溶けてしまったときは、1分ほど静かな気づきを保ってから意図へ戻ります。

つまり意図はユーフィーリングに溶けてしまうか、無声映画のように静かな思いが心の中で演じられるかです。どちらの体験も完璧です。いずれにせよ、ふたたびユーフィーリングに戻るときには、はっきり気づいていましょう。その静寂のなかでユーフィーリングを注意深く観察し、何が起きるか見守ってください。1分ほどユーフィーリングとともに過ごしたら、意識を意図へと戻します。ユーフィーリングと意図を行ったり来たりするプロセスを続けます。好きなだけ、心地よく感じるだけ、ゆるやかに繰り返してください。これがＱＥ意図のやり方です。おしまいに2分から5分くらい、あるいはもっと長くてもかまいませんがＱＥをして、ＱＥ意図を終えます。ユーフィーリングがあればそれに気づき、そのほかはすべてそれぞれ起こるに任せておくのです。

本質において、あなたはつねに自分の意図にきわめて繊細に気づいており、それをユーフィーリングの穏やかな智慧深い風にのせて、心の静かな入江へと霧のように運んでいます。どんなときも意図にしがみつこうとはしないことです。意図のエッセンスを意識のなかにすべり込ませ、それを認めてユーフィーリングの全体性へと溶け込ませるのです。

さっきも言ったように、意図はユーフィーリングに溶けていく代わりに、花びらを開くように隠れた部分を明らかにするかもしれません。これは自然と展開することで、あなたが起こすのではありません。映画を見るように、心のスクリーンに映るものをただ見るだけです。この展開にあなたは干渉してはいけません。普遍的な創造の力が、あなたのために時間と出来事を組み直してくれます。このようにしてあなたの人生のストーリーは書き換えられるのです。目の前に繰り広げられる意図の映画は、意味をなしたり、なさなかったりするでしょう。そこでどんなことが展開していても巻き込まれないでください。ただ観察して楽しみましょう。意図の映画にのめり込んでユーフィーリングに戻るのを何分か忘れてしまったとしても、問題はありません。その一連の思考が消えたら、静かにまたユーフィーリングに戻ってください。あるいは、心が関係ないところをさまよい始めるかもしれません。それでも問題ありません。心があてもなくさまよっているのに気づいたら、意識をそっとユーフィーリングに戻し、意図のサンドイッチをもうひとつ作ります。

　QE意図のセッションのなかで、しばしば人生の別の分野に関する望みも出てくるでしょう。QE意図では一石二鳥どころか、一石三鳥やそれ以上もあり得ます。あなたの望みはどれも互いに関わり合っています。そのすべてはユーフィーリングとふたたび結びつきたいという、エゴの根底的な欲求から生じているのです。QE意図の最中にほかの望みが現れたら、最初の意図をそれに置き換えてかまいません。ただし新たにQE意図を始めるときは、つねに最初に出てきた意図で開始するようにしてください。

　感情的なストレスが強いと、QE意図のセッション中、ずっと思考が止まらないこともあります。こういうときはいつもほど楽しめないかもしれませんが、思考が多いことは問題ではありません。考えてはいけないと考えて、思考と闘ったりしないでください。それがそこにあるのなら、まさしくそれがあなたの持つべきものです。自分の心がテーマから外れているのに気づいたら、QEのプロセスで学んだように、その思考に干渉することなくただじっくりと眺めてください。このようなセッションでは、おそらく純粋なユーフィーリングの深い静寂は体験しないでしょう。それでも大丈夫です。いくらかでも静けさが現れたタイミングで、あなたの意図を意識してください。それから、ユーフィーリングにできるだけ気づきを向けます。QE意図のセッションはそのたびに異なるでしょう。いつも同じにしようとも、違うものにしようとも思わず、ただそこにあるものをそのまま受け入れます。主観的な体験がどんなものであれ、QE意図は有効です

（QE意図のセッションで強い感情的葛藤が出てきたときは、27章の「感情体《エモーショナルボディ》を癒す」をやってみるといいでしょう）。

驚異的な結果のためには、1日に何回かQE意図のセッションをしてください。はじめは1回につき5分から10分のセッションがいいでしょう。QE意図には、望みを叶えるために創造の力を動かすだけでなく、ほかにも多くの恩恵があります。あなたはごく短期間のうちに、いつでもどこでも一瞬でQE意図を持てるようになるでしょう。でも急がないでください。これはゴールではなく、時とともに自然に開花してくるのです。

どんな望みにもQE意図を使うことができます。いつも真面目で重大な望みでないといけないわけではありません。一日中、QE意図をしてみてください。ホット・ファッジ・サンデーや新しい鼻毛抜きなど、ばかばかしいと思うようなものにもQE意図を試してみましょう。ぜひ楽しんでください、せっかく覚えたのですから。

あなたがQE意図と親しくなっていくあいだ、このあといくつかの章で、いま学んだプロセスの力をもっと実感してもらえるような話をしましょう。QE意図をどのように用いるか、より詳しく説明します。たとえば慢性的な病気、経済的な悩み、感情の扱い方、問題解決などにどう活かせばいいのか、そしてほかの人が問題を乗り越え、最も深い望みに気づけるように手を貸す方法についてもお伝えします。

次の章に進む前に、もういちどQE意図のセッションを一通りやってみましょう。さあ、本をひざの上に置いて、あなたの望みをひとつ、意識の表面に漂わせます。ゆっくりとユーフィーリングに気づいて……それから、あなたの意図……そしてユーフィーリング……至福に満ちたQE意図のセッションを充分に堪能してください。

［注］いまあなたが特に感情の問題を抱えていないとしても、次の21章は読むことをお勧めします。それ以降の章に出てくる基本的なインストラクションが含まれているからです。

21章

# 感情的苦痛のためのQE意図

ポジティブな感情が健康によいことは言うまでもありませんね。でも感情の不調和をまったく感じないという人を私は誰ひとり知りません。ダライ・ラマでさえ、ときに怒ることがあると言っています。私たちは皆、ネガティブな感情と格闘し、しばしば人生に悪影響を及ぼすほどそれに翻弄されてしまいます。

問題なのは、暴走した感情が私たちの論理的思考力をすべて踏みつけていくことです。感情は明確かつ明晰に考える能力をねじ曲げ、ゆがめてしまいます。ふつう、負の感情に支配されている人は自分が問題を抱えていることを認識していません。その感情的な異常さを指摘してくれる親切な友人に対しても、たぶん未開な宇宙からやってきた異星人を見るような視線を向けるでしょう。自分に問題があるとか、ましてや自分が問題だなんてまったく信じられないのです。

あなた自身のためにも、誰かの幸せのためにも、QE意図を用いることができます。よいことしか起きないと完全に信頼して大丈夫です。誰かのためにQE意図を持つとき、その人の許可を得る必要はありません。なぜならあなたは何もしないからです。すでにご存知のように、ひとたびQE意図を持てば、それはなされるのです。あなたの意図はユーフィーリングの腕に抱かれて育まれ、ユーフィーリングの計画にそって——あなたの計画ではなく——働きます。

さて、明らかなことですが、ここでお伝えしておくべきでしょう。私は心理学の専門家ではありませんし、QEやQE意図を専門家による心理療法の代わりとしては考えていません。QEやQE意図は、すでに臨床病理の現場で専門家によって使われ、患者が深刻な心理的トラウマや長期的症状を乗り越えるのを助けています。こうした専門家たちの多くが、患者の苦しみを素早く和らげるユーフィーリングの技術を知って感嘆しています。私は近い将来、心理学の分野でユーフィーリングの有効性に関する臨床研究を後援できたらいいなと思っています。QEやQE意図は誰でも心理的苦痛を取り去ったり減らしたりできるとても有効なツールですが、専門家の治療の代わりになるものではないことを知っておいてください。もちろんこれは心理的な問題に限らず、あらゆる肉体的な問題についても同様です。では、話を先に進めましょう。

すでに話したように、意図にはふたつの部分があります。対象と、その対象にまとわりついている感情です。

意図をふたつに分けたのは説明のためです。このふたつの側面に関しては、あなたが気にならなければ特にこだわる必要はありません。あなたが何もしなくても、QE意図は一度にいっさいがっさいの面倒をみてくれます。とはいうものの、多くの人はユーフィーリングという至福の毛布にくるまれて、意図のさまざまな部分で遊びたくなるようです。これは単に好みの問題です。

ユーフィーリングに気づいているかぎり、意図は自然の法則に従って充分に果たされます。

［注］次の「感情のためのQE意図」のセッションは、最初の何回かは比較的小さめの問題についで取り組み、少し経験を積んで慣れてきたら、より大きな問題を扱うようにしてください。

---

## ＊感情のためのQE意図

5分から10分、邪魔されない場所で静かに座ります。目を閉じて、あなたを悩ませていることに心を向けましょう。その状況を思い浮かべ、それにともなう感情も思い起こします。できるだけ強く感じて、それを0から10の数字で判定します。10が我慢できないほどの強さ、0が苦痛のない状態です。この数字を覚えておいてください。セッションが終わったときにまた測ります。

QEのプロセスを2分から3分行い、ユーフィーリングに気づきます。心に静けさを感じ、身体はリラックスしています。問題に心を向けたら、素早く次に、どのように問題を解消したいかを考えます。問題に気づき、それから解決策に気づくこのツーステップは流れるような一連のプロセスです。問題を思い、解決した状態を思い、それから両方とも手放して意識をユーフィーリングに戻します（純粋なユーフィーリングの無、または普通のユーフィーリングの感覚、どちらでもけっこうです）。

たとえば、あなたの義母が家にやってきたとします。ふたりの関係はあまりうまくいっていません。その場合、解決策はこんな感じです。ユーフィーリングの穏やかな全体性から、義母と一緒にいるときの感情とその場の状況を認識します。心をどこかへ向かわせようとする必要はありません。なぜなら、心はおのずと最も気がかりな側面へと引きつけられていくからです。あなたはただ感情と状況を認識すればいいだけです。考えがひとつかふたつ思い浮かぶくらいの時間をとってください。思い浮かんだら、その解決策にそっと意識を移します。もう一度いいますが、これは自動的なプロセスですから、心は自由にしておきます。この時点で、義母が荷物をまとめ、あなたをぎゅっとハグして、義姉の家へ行くためにシアトル行きの飛行機に乗るシーンが見えるかもしれません。

解決策は、あなたが意識的に考えようとしなくても、いつでも自然に現れます。もし何も動きがなければ、プロセスを始動させるために少し解決策を考えてみて、それをユーフィーリングの中へ落とし込みましょう。

QE意図はいつでも楽しく、わくわくするものです。扱う問題が深刻なものであっても、どうかこれを義務にしないでください。家を丸太一つひとつから組み立てなくていいのです。ちょっと軽くつつくだけで、ユーフィーリングには充分です。

3分から5分のあいだ、1分ごとにQE意図を持ちます。さらに3分から5分くらいQEをするか、あるいはただユーフィーリングに気づいてセッションを終えます。すぐに立ち上がって活動し始めないでください。あなたを待つ1日に戻る準備をしながら、少し心を漂わせましょう。このあいだに、セッションの冒頭と同じように感情と状況を思い出してみます。感情をできるだけ強く感じて、もう一度0から10の数字で測ります。ほぼどんな場合でも、あなたの感情——不安、恐怖、怒り、悲しみ、嘆き、罪悪感、苛立ちなど——は、明らかに和らいでいることがわかるでしょう。

…………………………

さて、次にとても大切なことを言います。いまやったことはきれいに忘れて、何事もなかったようにふだんの日常生活に戻ってください。すでにもう素晴らしいことが起こっていますが、そのほとんどは舞台裏で進行します。ですから、それをそのままにしておきます。あなたがいままで通りの生活をしているあいだに、創造の編成力に仕事をしてもらいましょう。大丈夫です。いまあなたがしたことによって、いえ実際には何もしていないのですが、あなたの人生は計り知れないくらい変化します。

自分の意図がちゃんと働いているかどうか絶えず人生をチェックしていると、プロセスを少しずつ邪魔することになってしまいます。変化があったかどうか確認するたびに、その時点の通常意識レベルで意図をわずかに再調整してしまうのです。ひとつのQE意図のセッションの効果がすべて帳消しになることはありませんが、多少ペースが鈍るかもしれません。幸いなことに、あなたがゆがみを持ち込んだとしても、次のQE意図のセッションで中和されます。ですからQE意図のセッションをしたら、あとはいつも通り生活してください。あなたに贈り物が届いたら嬉しいのはもちろん、びっくりするでしょうし、少しばかり畏敬の念に打たれるでしょう。あなたは何もしないでそれをやってのけたのです。これ以上の喜びはありませんね。

## 水上の霧

しばしば意図のワークやエネルギーヒーリングでは、調和の波をつくり出すことを、静かな池に落ちた小石になぞらえます。意図（小石）は池に落ち、波が外へ向かって同心円状に広がり、そのエネルギーの波は、あなたの世界でどうすれば成功できるかという情報とともに、石が落ちた地点つまりあなたに返ってくるとされます。ＱＥ意図は、純粋なユーフィーリングという静止した水の上に、霊妙なる霧をそっとやわらかに載せるようなものです。

私たちは水面を波立てません。創造の透明な映し鏡のままにしておきます。自分の制限された意志を創造に押し付けようとはしません。そのように考えることさえ愚かであり、コントロールという幻想をいっそう助長するばかりです。それはあっという間にもっと大きな望みへと発展し、結局ますます苦しみを増やすのです。それよりも、静かで見晴らしのいい純粋なユーフィーリングの静止した池の表面から私たちの気づきを優しくＱＥ意図に向け、それが純粋なユーフィーリングの水面にそっとキスするのを見守ります。

これは魔法の瞬間です。創造のすべてがあなたの望みに目覚めるとき、完璧な受胎が起こります。あなたの仕事は終わりです。生命の最も尊いレベルにおいて、あなたの望みはすでに満たされたのです。あなたの破壊的な望みも、揺れ動く感情も、温かい日差しのなかで水蒸気のように消えてしまいました。さあ、あとはどんな包みで贈り物が届くのか、楽しみに胸をときめかせて待つだけです。

22章

# 慢性疾患を抱えた人のためのＱＥ意図

慢性疾患は長期にわたる治療を要し、完治する割合もかなり低いものです。私たちの身体も心も、年とともに傷ついた細胞の自己修復力が衰えていきます。高齢者には慢性疾患や持病を抱える人が多く見られ、それが完治する比率はあまり高くありません。慢性疾患を抱えているのはもちろん高齢者だけではありませんが、関節炎、心臓病、糖尿病、そして最も恐れられている癌などを患っている人の多くが高齢者です。また、若年層においても慢性疾患による死亡率は高いです。長期にわたる病気は、家族や地域社会や国全体にもかなりの負担になります。ですが言うまでもなく、いちばん負担が大きいのは病気を患っている当人であり、ＱＥ意図によって最も恩恵を受けるのも苦しんでいるその人です。

あなた自身に持病はないけれど、慢性疾患を抱えた人のために力になりたいと思うなら、まさにＱＥ意図はぴったりです。長期にわたって持病に苦しんでいる友人や家族、あるいは知らない人であっても、ＱＥ意図でこんなふうに癒しを手伝うことができます。

## ＊慢性疾患を抱えた人のためのQE意図

3分から5分、もしくはあなたがユーフィーリングにしっかり落ち着いたと感じるまで、QEを行います。それから、相手（パートナー）に意識を向け、病気がどのようにその人に影響しているのかに気づきます。あなたは部屋の向こうからその人を見るようにして、相手の外側の状態を見つめるただの観察者になります。少し感情が動きだしても心配はいりません。あなたが個人的に巻き込まれたとしても、QE意図の効果が失われることはありませんし、あなたにとっても大きな癒しになることに変わりありません。感情を感じようとしたり、押しやろうとしたりしないでください。もし感情的に引き込まれてしまったら、自分が感情的になっていることを認め、パートナーの症状に気づきを向け続けます。数秒から10秒ないし15秒で充分です。それからすべてをユーフィーリングの中へ溶かしましょう。明確に丁寧に気づくことを忘れないでください。1分かそのくらい、ユーフィーリングのくつろいだ感覚を楽しみます。

では、パートナーに関するシンプルな思考を持ちます。さきほどのようにその人と症状をイメージし、今度はパートナーの身体と心と感情がユーフィーリングの至福感で満たされていることに気づきます。その人のすべての思考と感情はユーフィーリングの美のなかに浸っています。身体のすべての細胞、すべての分子、すべての原子がユーフィーリングの調和と癒しで生きているのに気づいてください。心の中の映画を無心に観察し、パートナーがどのように反応するか見守りましょう。これを1分ほど続け、ユーフィーリングに戻ります。
この3段階のプロセスをあと1回か2回、繰り返します。症状を観察し、ユーフィーリングに気づき、ユーフィーリングに満たされたパートナーの反応を見守り、そして最後にユーフィーリングに戻ります。3分から5分のQEをして、QE意図のセッションを終えます。

…………………………

QE意図が慢性的な苦痛に作用するパワーと速さは驚異的です。QE意図にはつねに即効性があります。症状にどれだけ速く変化が現れるかは、それぞれの病気の種類や重さ、その人の体質にもよります。もし血糖値や血圧など客観的な情報が得られれば、改善していることがすぐに見て取れるでしょう。またQE意図の前後に、パートナーに身体と感情の不調について事前チェックと事後チェックをしてもらうことも検討してください。もう一度言いますが、ほとんどの場合、すぐに結果が見られ、しばしば劇的な変化を目にするでしょう。

ここに述べた単純なプロセスを正確に守ってください。QE意図のなかでエゴの出番はありません。ですから、パートナーが癒されているとか、癒されたというビジョンは思い描きません。それは回復を助けることにはならないのです。私たちが癒すのではありません。QE意図が癒すのでもありません。癒しはユーフィーリングに内在する智慧と慈愛を通して、創造の力からやってきます。パートナーの病気が治癒するかしないかは私たち次第ではありません。私たちにできるのは、望みを持ち、パートナが癒えるよう意図を持つことであり、そうであるべきです。病気の経過には無数の可能性があり、それは私たちの制限された心の理解をはるかに超えています。人間のコントロールを超えた、自然の力の展開を尊重するほうがよいでしょう。

QE意図をしたら、パートナーとともにいることを楽しんでください。あるいは、いつも通りの生活に戻ってください。時が来れば、母なる自然があなたの肩をたたいて、その巧みな手さばきを見せてくれるでしょう。

## 無執着をつくり出すことはできない

自分の身体と心に現れている慢性的な不調にQE意図を行うときには、ほかの人にする場合と少し異なったアプローチが必要です。お察しのように、自分に対して働きかけるときはその結果を受け取るのも自分なので、より結果に執着しやすくなります。この執着は、恐れに動機づけられたエゴのフィルターを通したものです。その結果、効果はかなり小さくなってしまいます。ですから、自分にQE意図をするときのカギは無執着です。

しかし無執着をつくり出すことはできません。自分の病気やそれにまつわる問題に執着しないようにすることはできないのです。何かをしようとするのはゴールに向かって努力することです。ゴールは必然的にそこへの道があることを意味します。つまり、いま自分がいる場所では不充分で、もっといい場所へ行きたいということです。何かを変えたいと思っているのです。人生がありのままで完璧だとしたら、それを変えたいと望むのは、現在の完璧さを知覚することを拒んでいることになります。

あなたが疑わしそうにこう言うのが聞こえてきそうです。「こんなところ、いたくないに決まってるじゃない、長いあいだ病気なんだから！　病気から解放されたいんだ」。病気のときは誰でもそう思うでしょう。いまいる場所は自分がいたい場所ではなく、病気からの解放というゴールに到達するために頑張る……でも、ここがまさに私の言いたいポイントです。精妙であるがゆえに深遠な知覚のシフトこそが、深刻な病気があるかどうかにかかわらず、満ち足りた人生を生きるか、それとも苦しみの人生を生きるかという大きな違いにつながるのです。

あなたが長年の病を抱えているとき、重大な問題は疾患それ自体より、あなたがそれをどのように知覚しているかです。身体と心を自分だと見なしていれば、身体や心が脅威にさらされたとき、自分の本質が脅威にさらされることになります。エゴは身体と心を自分だと思い込んでいるので、それを守るためにとてつもないエネルギーを費やします。もし身体と心が死ねば、自分も死んでしまうとエゴは信じているのです。ＱＥ意識はエゴ意識を超越していて、身体と心の崩壊が〈自己〉の崩壊にはつながらないことを知っています。すでにお話ししたように、〈自己〉の本質は永遠であり、破壊されることはありません。

ぞんざいに言うつもりはありませんが、身体はやってきては去っていくものです。深く苦しんだ人は、死以上に悪いことがあるとよく言います。生命にとって最悪なのは、死に執着することです。身体は生まれるやいなや死に向かい始めます。身体への執着は死への執着です。どんなにエゴが頑張ってすべて残しておこうとしても、あなたの神殿は最後には崩れ去ります。病気はとても多くのことを教えてくれますが、究極的に学ぶべきことはたったひとつです。あなたは身体と心ではない、ということです。あなたは無限の恩寵、喜び、愛であり、そのすべてがユーフィーリングの神聖な包みにくるまれているのです。病気に打ち勝ってもその過程で魂を失ってしまえば、それはいったいなんのためでしょうか。ひとつ確実なのは、年をとれば病や衰えはつきものだということです。そう、あちらこちらでちょっとのあいだ死を免れることはできますが、おしまいには身体はその運命を全うします。

恐怖を否定したり攻撃したりしても、私たちが求めてやまない内なる平和がもたらされるわけではありません。必要なすべては、すでに私たちに具わっています。QE意図を持つとき、私たちは死の領地を手放し、制限を超えて生きる喜びを迎え入れるのです。

# 23章 自分の不調をスキャンする

## ＊感情と身体のQEスキャン

目を閉じ、楽に座って始めましょう。QEを3分から5分、またはユーフィーリングの深い静寂に落ち着くまで行います。それから、病気でなくても自分に感じている不調や症状に意識を向けてください。全身をさっとあなたの気づきでスキャンします。身体に病気の兆候が見つかったときは、数秒間そこに気づきを留めてから次の症状へ移ります。こうして身体をスキャンし終えたら（ほんの1分か2分しかかからないでしょう）、ユーフィーリングに戻ってください。

1分か2分、気づきをユーフィーリングに向けたあと、身体に戻ります。ふたたび身体の各部とそこに現れている症状に意識を向けてください。症状が違う部位に移っていたり、強まったり弱まったりしているかもしれません。または最初にはなかった新しい症状に気づくかもしれません。これは癒しがすでに起きている兆しです。どこにどのような症状があっても、それに気づいたら、今度はその症状に付着している感情がないかどうか見てください。

もし症状に付着した感情が見つかったら、数秒くらい軽く観察し、次の症状へと移ります。身体のスキャンも感情のスキャンも、それぞれ1分か2分程度ですむでしょう。そしてまた1分ほどユーフィーリングの静寂とやすらかさに戻ります。

もう一度、身体と心、そしてそれに付着している感情にそっと気づきを向けます。あなたは身体、症状、感情に気づきながらユーフィーリングにも気づいています。すべての思考、感覚、感情がユーフィーリングのなかに溶けていくのがわかります。あなたの症状と感情がそこにあると同時にユーフィーリングがあります。身体中の細胞のすべての分子、すべての原子が、ユーフィーリングの調和と癒しの影響下で生きていることに気づいてください。なにも手出しをしません。病気や不調があるところにエネルギーを導入したいという衝動はこらえてください。有限のあなたよりも、ユーフィーリングのほうが効果的に素早くやってくれます。何もせず、すべてであることを1分か2分楽しんだら、ユーフィーリングの優しい腕に1分ほど戻りましょう。

この3段階のプロセスを3回、もしくは好きなだけ繰り返してください。身体のスキャン、感情のスキャン、ユーフィーリングに気づく、と3段階に分けて覚えておきますが、純粋なユーフィーリングの気づきなら3つ同時に1分ほどですむでしょう。最後に3分から5分のQEをして、セッションを終わりにします。

もしもあなたが病に伏せっていたら、もう少し目を閉じて休んでいたいとか、ちょっと眠りたいと思うかもしれません。病気のとき、好きなだけ頻繁にQＥやQＥ意図をしてください。どちらもヒーリング技術ではありませんが、ユーフィーリングは調和した癒しのエネルギーを莫大に生み出すので、それが身体と心に満ちあふれ、早い回復を促すのです。

あなたもたぶんお気づきのように、QＥ意図では、あなたがエネルギーを動かそうとしたり、癒しが起こることをイメージしたり、なんであれプロセスに介入することはありません。あなたはただ、ある相対的な現実の知覚から別の知覚へと気づきを移すように言われただけです。つまりQＥ意図に必要なのは、ほとんど労力のいらない、単に気づくというきっかけだけなのです。QＥ意図のパワーと驚異的な効果の秘密はここにあります。

# 24章 豊かさと繁栄のためのQE意図

落ち着いて考えてみると、私たち人間が生存するために必要なものはほんのわずかで、気持ちよく生活するにもそれほど多くのものを必要としません。ところが、私たちが幸せになるためにはどれほどの富が必要でしょうか？ その答えは「自分のエゴがどれくらい虚しく感じているか」ということです。私たちの幸せは、ものごとの相対的な状況次第なのです。

たとえば、今年あなたは運よく見つかった仕事に自転車で通勤することに幸せを感じているかもしれません。でも数年後に経済的に豊かになったあなたは、飽き飽きしながらベンツに乗っているかもしれません。幸せはつねに相対的な状況に左右されますが、幸せになりたいという欲求にはただひとつの変わらぬ理由があります。充足を感じたい、ふたたびユーフィーリングと結びつきたいというエゴの欲求によって、私たちはもっと幸せになりたいと駆り立てられるのです。通常意識での物質的な豊かさを求める奮闘は、内なる完全性を探し求めるエゴの探索が外に向かったものです。QE意識にあるときは、富を求めて奮闘することも、富によって幸せが左右されることもありません。でもどういうわけか、ユーフィーリングの表現と調和して生きている人のもとにはよく素晴らしい富がやってくるのです。

## 幸せは相対的、ユーフィーリングは絶対的

私たちはユーフィーリングへの気づきを失うとき、何かが欠けていると感じますし、実際にそうなのです。ユーフィーリングに気づいていれば、自分に恐れも不安も罪悪感も怒りもないのがわかります。なぜなら、ユーフィーリングはあらゆる思考や行為の究極のゴールだからです。ユーフィーリングにはっきり気づくと、すべての苦しみや空虚感は満たされます。悲しみや不安を感じたとしても、ユーフィーリングとともにあればそれらの感情に苦しめられることはありません。苦しむことができなくなるのです。ところがそれを忘れてしまい、ユーフィーリングから離れて漂うとき、私たちは喪失を感じ、ものや哲学や人間関係などによって虚しさを埋めようとします。それは決してうまくいきません。

〝エゴの勘違い〟は、それらを自分のまわりに掻き集めれば、虚しさがいつか消えると思い込んでいることです。人生の表面を泳ぎ回り、目につくものすべてを手に入れたがります。それはうまくいきません――不可能です。エゴに必要なのは泳ぐのをやめることです。しかしエゴは、泳ぐのをやめれば心の深海に沈んで自分が消えてなくなってしまうと信じているのです。そして、さまざまな素晴らしい形をした富を集める努力をしなければ永久に満たされないと感じています。

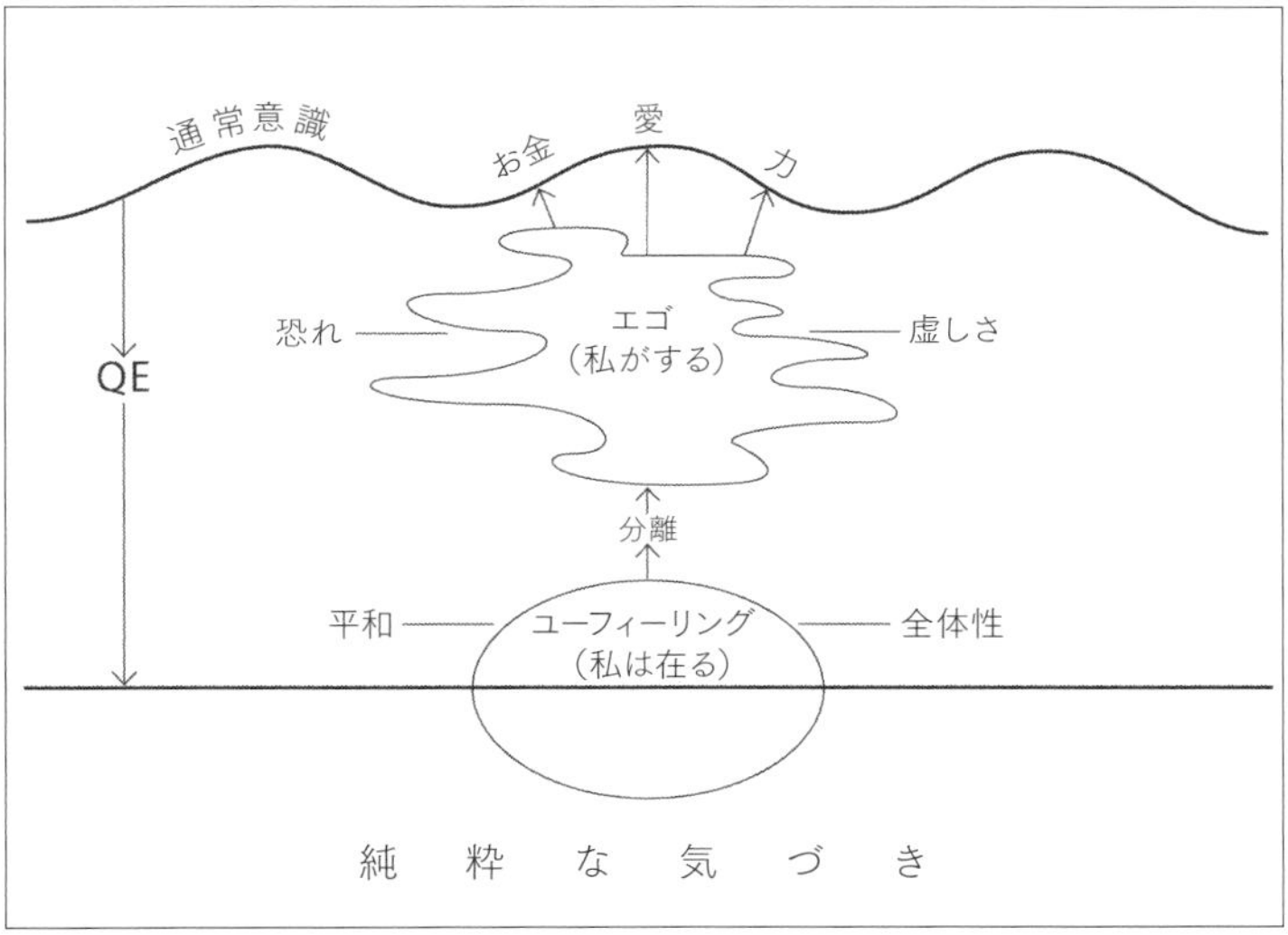


これほど真実とかけ離れたことはありません。実際には、掻き集めようとするのをやめたとき、すべてのなかで最も素晴らしい贈り物が与えられるのです。エゴが生き延びようとするのをやめると、みずからを生命の全体性に明け渡すことになります。

QE意識で生きていて莫大な富を求めない人は、それを必要としていないのです。この世界には途方もない豊かさがあり、その分かち合いはじつに楽しいものですから。ユーフィーリングを通して与えられる贈り物を受け取るときは、つねに感謝と畏敬の念があります。舞台裏で陽気ないたずら坊主が働いているのを感じるのです。その贈り物は自分で獲得したような気がせず、与えることの純粋な喜びのために与えられたように思えるでしょう。贈り主の無限の愛に気づいているのでその贈り物に執着することなく、自分のためにとっておくのと同じように、気軽に人にあげることができます。

内なる富、外なる富を築く最初のルールは、何よりもまず、ユーフィーリングの気づきを持つことです。ひとたびこの最初のステップを踏めば、あなたは人間が知りうる最も素晴らしい宝を手に入れることになります。それは〈自己〉の気づきです。あなたが〈自己〉の座につくと、あなたのすべての活動が〈自己〉を尊重し支えるものになります。そのときから、世界はあなたの遊び場になるでしょう。豊かさのためにQE意図を持てば、何かを強く望むときによく感じる、恐れや心配や必死さもつきまといません。QE意図は楽しく、こだわりのない遊び感覚で行うものです。

より大きな富のためにQE意図をするとき、あなたはふたつの側面で働きかけます。望みにつきまとう感情を鎮めることと、物理的な状態の具現化です。望みの対象や状況につきまとっている感情はすぐさま絶対的静寂のなかへと溶けていきます。経済問題のまわりには、さまざまな種類の感情のサメが泳いでいます。それは不安や恐怖、苛立ち、怒り、混乱などかもしれません。QE意図を始めて数分もすれば、こうした感情とそれにともなうネガティブな影響は著しく減るか、いっぺんに消えてしまうでしょう。感情的な責め苦から解放されたあなたは、ただ静かに願いが叶うのを待つことができます。

## ＊物質的な豊かさのためのＱＥ意図

５分から10分くらい邪魔が入らない場所で、楽に座れる椅子に腰かけてください。目を閉じ、ＱＥのプロセスを３分から５分、またはユーフィーリングの静かな現れを感じるまで行いましょう。それから、より豊かになるという望みに心を移します。５秒から10秒、あなたの心が見せてくれる望みを、そしてそれが叶うのを見てください。より豊かになるという望みについてもしネガティブな感情がつきまとっていれば、それを確認します。その感情を心の中でできるだけ強く鮮やかにして、それを０から10の数字で測ります。10が耐えられないほどの強さです。

心を楽にしてユーフィーリングに戻ります。１分ほどしたら、より大きな豊かさという望みに気づきを戻します。次の１分間、あなたの心に望みについての映画を上映させてください。心は自動的に、望みが叶ったらどんな感じかを映画で見せてくれるかもしれません。そのときあなたは映画を見るだけで、シナリオには介入しないようにします。あなたの願いが完全に叶うようユーフィーリングがお膳立てし、障害物を取り払ってくれます。１分か２分したらユーフィーリングに戻りましょう。

望みに心を向けるこのプロセスを３回から５回繰り返し、それぞれの映画のあいだにユーフィーリングへの気づきを入れてください。最初にネガティブな感情について事前チェックをしていたなら、ここで事後チェックをしましょう。さっきと同じように感情の強さを数字で測ります。必死なほどの渇望感であろうとも、ネガティブな感情は急激かつ大幅に減少しているでしょう。多くの場合、経済にまつわるネガティブな感情は、実際の状況そのものよりも甚大な影響をもたらします。経済的な問題からそうした感情を取り除くだけでも、この本を買った価値はあるでしょう。

椅子から立ち上がる前に、静かな状態から日常活動へと移る時間を充分にとります。目を開けたり閉じたり、伸びをしたりしてください。

……………………………………

## 人生はイースター・エッグ探し

豊かになるという願いを叶えるために、いま何をすべきでしょうか？ もちろん何もしません。たぶんこれは通常意識に支配されている心にとって最も難しいことです。すべてがよい結果になるためには何かをしなくてはいけないと心は感じます。そういうときはQEをして、通常意識にある心をQE意識へと導きましょう。そうすると、自分が何かしなくてはとか、うまくいっているかどうか確認しなければ、などと感じることもなくなります。はてしなく気が長くなり、その辛抱強さはちゃんと報われるでしょう。

すべての編成は、最も繊細で最もパワフルな創造の力が面倒を見てくれます。そこであなたにできることはほとんどありません。とはいえ、ただ手をこまねいて待っていればいいわけでもありません。好機が現れたとき、それに心を開いている必要があるのです。ちょっと想像してみてほしいのですが、これはイースター（復活祭）の卵探しのようなものだと思ってください。母なる自然は、あなたのために数え切れないほどたくさんの卵を隠し持っています。どの卵もみなあなたの望みの完璧な成就を意味しているので、あなたはひとつ見つけるだけでいいのです。人生のあらゆるやりとり、人、状況を、イースター・エッグが隠されている茂みや岩場かもしれないと思ってみてください。気楽に遊ぶような感覚で宝物を探しましょう。その間も日に2回か3回はQE意図を続けるようにしてください。どうぞ卵探しを楽しんで！

25
章

# 人の豊かさのために

受け取るために一番いい方法は与えることです。たとえ自分が貧困にあえいでいようと、ほかの人が物質的に豊かになるようにQE意図を行えば、即座にひらめきを受け取るでしょう。やり方は次の通りです。

## ＊他者の物質的な豊かさのためのQE意図

５分から10分ほど邪魔されない場所を見つけ、楽に座れる椅子に腰かけてください。目を閉じて、３分から５分、もしくはユーフィーリングの静かな現れを感じるまでQEのプロセスを行います。あなたが力になりたいと思っている相手（パートナー）に心を向けてください。そして５秒から10秒、その人の問題をあなたがどのように捉えているか、静かに思いを馳せます。その人が苦しんでいたら、それが見えるかのようにネガティブな感情もそのままに認識しましょう。気づきをパートナーからユーフィーリングへと静かに移します。１分ほどユーフィーリングの全体性を味わい、それからふたたび思考をパートナーに戻します。

心の中で映画が演じられるのを見て、そのあいだにパートナーが自分の感情と身体のありかたにより明確に気づくようになるかどうか見守ってください。その人の反応がどんなものでも、あなたは静かに丁寧に観察しながらユーフィーリングに気づきます。そしてネズミの巣穴を見張るネコのように、パートナーの身体と感情、そしてユーフィーリングに同時に気づきを保ってください。あなたが感じている静寂、平和、至福といった感覚はその人のなかでも息づいています。1分くらいパートナーに息づくユーフィーリングを観察したら、あなたのユーフィーリングの感覚に戻ります。

パートナーの観察とユーフィーリングのあいだを3回から5回行き来して、QE意図のセッションを終えます。

……………………………………………………

あなたはパートナーの望みが達成されるかどうかを見届ける必要はありません。誰かのためにQE意図を持つとき、より大きな物質的流入がそこに含まれます。あなたはそれが起きる基盤を提供していますが、どのようにそれが起きるかはあなたの知るところではありません。誰かの物質的繁栄のためにQE意図をすると、あなた自身が大きな内なる充足を見いだすでしょう。そして自分の豊かさを進化させる力も高まります。ですから毎日ひとりかふたり、友人のためにこれを習慣にしてみてください。きっとそのご褒美にびっくりするでしょう。

# 26章 QE意図で問題を解決する

自然には何ひとつ問題がありません。問題とは人間が作り出す現象です。それは、人が環境に秩序を押し付けようとする欲求から生まれています。人間の心にとって秩序ある環境とは自分がコントロールできる環境のことであり、その秩序とは相対的なものです。秩序が乱れているかどうかは観察者の見方によって変わります。そして観察者の見方は、調和の知覚に左右されるのです。この世界が思考と事物の寄せ集めで、あるものは関係しあっているが別のものは関係ないと見なしていれば、混乱した通常意識のなかで迷子になるでしょう。いっぽう、すべてはただあるがままでよいと感じていたら、QE意識の状態を享受するでしょう。

最も根本的なレベルで、ユーフィーリングにはたったひとつの動きしかありません。これ以上の調和があるでしょうか。ひとつしかないものは不調和になりようがありません。不調和が起きるには、ふたつのものが必要なのです。ユーフィーリングが創造の無数のかけらに砕け散るとき、人間の心はそれらすべての中身を追跡することはできません。ごく限られた場合を除いて、原因と結果は人間の理解を超えています。私たちが知ろうとしても、すべてを知ることはできないのです。〝問題〟が生まれるのはここです。それは私たちが問題と呼んでいる、不調和の幻想だと言ってもいいでしょう。

あるひとつの思考や行為がどんな結果につながるのかを知ることはできません。それでも私たちは知ろうとします。ここが手放すところです。ただし、「いいか、フランク、深呼吸して手放すぞ」などと意識的に自分に言うわけではありません。意識的に手放すことはできないのです。意識して手放そうとすることもやはり努力であり、努力しないように努力することはできません。ここで言わんとすることは、手放すというよりはむしろ、受け入れることに近いでしょう。自分のやっていることはつねに目標に達していないと感じながら、すべてこれでよしと信じたり受け入れたりすることはできません。コントロールしていると自分に信じ込ませることはできても、それは幻想の上にさらにもうひとつ幻想を覆いかぶせるだけです。人がこうした信念を維持するには膨大な時間とエネルギーがいります。

受け入れることとは、「内なる広大無辺の〈自己〉がコントロールしている」という知から自然にやってきます。この知とは理解ではなく、あらゆるものに完全性が浸透しているのがわかる、最も深い直感です。この実感は、本当のあなたであるユーフィーリングの喜び、至福、愛から自動的に育ちます。どんな問題も、その根底にはエゴにもとづく、恐れに駆り立てられた通常意識の世界観があるのです。そして、おわかりでしょうか。通常意識によって通常意識を修正することはできないのです。それは車のエンジンの壊れた部品を別の壊れた部品に交換するようなものです。エンジンは違う動き方をするかもしれませんが、壊れていることに変わりはありません。幸いなことに、通常意識を簡単に修正する方法があります。あなたはすでにもう知っています。クォンタム・エントレインメント、つまりQEです。

ですから、問題解決の根本はQEが取り計らってくれます。しかし具体的な疑問や日々直面する難題にはどう対処したらいいのでしょう。有給休暇を使い切ってしまったらどうやって休みをとるのでしょうか？　3人の子どもを同時に別々の場所の行事に連れて行くには？　できるだけ傷つかないように恋愛を終わらせるには？

これらのことも、すでにあなたはどうするか知っていますね。QE意図です。これはちょっとひとひねり加えてあります。

---

## ＊QE意図と問題解決

10分から15分ほど邪魔されない場所で、楽に座れる椅子に腰かけてください。目を閉じ、3分から5分、もしくはユーフィーリングの静かな全体性を感じるまでQEのプロセスを行います。では心をそっと問題に向け、問題のすべての側面を時間をかけて見て取ります。問題を解決しようとはしません。これはとても大切なことです。完全に観察者として、心が見せてくれるままにその問題を眺めてください。注意深く私心のなさを保ちながら、その問題にまつわるどんな感情も静かに観察し、それらが淡くなって消えていくのを見守ります。問題のさまざまな側面に心を漂わせてください。1分から3分これを続けたあと、ゆっくりとユーフィーリングに気づきを向けます。

ユーフィーリングとともに1分ほど過ごしたら、心をふたたび問題に向け、映画を展開させます。心が問題についての思考を繰り広げているあいだ、あなたはそれを興味津々で眺める観客です。急がず、解決策を探そうとせず、ただ心のスクリーンで展開される映画に敏感に気づいていてください。これを1分から3分続け、それからもう一度ユーフィーリングに1分ほど気づきを向けます。

このプロセスを3回から5回、繰り返します。終わったら目を開け、ゆっくりと日常活動に戻ります。時間があれば、椅子に座ったまま好きなだけ空想にふけってもいいでしょう。

---

昔から解決策というのは探していない時にやってくるものです。答えは夜眠りに落ちる寸前に降ってくるかもしれないし、朝目覚めたとたん訪れるかもしれません。あるいは日中、ひょんなときに思い浮かぶかもしれません。たいてい食器洗いの最中や車の運転中のような、あまり集中していない時にやってきます。答えを見つけようと自分にプレッシャーをかけず、充分な空白を与えることです。1日のなかで問題解決のQE意図を気軽に何度でもやってみてください。一番いいのは朝起きてすぐと夜寝る直前ですが、いつでもちゃんと働きます。

# 27章 完璧な人間関係をつむぐ

何かを知覚するたび、私たちはそれとの関わりを持ちます。石やクリップであれ、人間であれ、思考であれ、違いはありません。もの思いにふけっているときも、私たちは自分自身と関わっています。人生とは、ひとつながりの絶え間ない関わりなのです。

関わるにはふたつのやり方しかありません。通常意識で関わるか、ＱＥ意識で関わるかです。おそらく世界の99パーセントの人が、自分の根本的な内なる本質に気づかないまま、通常意識で自分とも他者とも環境とも関わっているでしょう。人々がみずからの内なる本質に気づいていなければ、自分の立ち位置もわからず、世界を見る基準も持てません。そして頭でっかちになって、外側の誘惑へと危なげに引きつけられていくでしょう。

内なる自己は、外なる自己すなわち〝私〟の根拠となる基盤です。〝私〟は不完全ゆえに、根なし草のような知覚はつねに関係から何かを獲得しようとします。たとえば石を見ると、心はおのずとそれが自分にとってどう役に立つかを考え始めます。持ち帰って庭に飾ったらきれいだろうか、胡桃《くるみ》を割るのに使えるだろうか、水切り遊びに適しているかどうか、などと。そして役に立たない石だと心が認識すれば、心の知覚は次へと移ります。そのとき心の中はこんな感じかもしれません。これはどこにでも転がっているような石だ、とりたてて価値はない。私は人生にとって価値あるものを探しているんだ、次に進もう……と。

全般的な方向としては、関わるのが石だろうが、人だろうが、心にとっては同じです。通常意識の心はつねに関係から何かを手に入れようとします。生きていると感じられる刺激がたえず必要なのです。あたかもそれは、心にあいた底なしの穴を埋めるために、手の届くものを片っ端から放り込んでいるようなものです。ところが、ものも考えも、決してこの穴の虚しさを長く埋めておくことはできません。これが私の言いたいポイントです。

例をあげましょう。同じ会社で働いているジョージとジョンが、朝の休憩時間にコーヒーの自動販売機の前で鉢合わせたとします。

ジョンは言います。「やあ、ジョージ。調子はどうだい?」

「ああ」ジョージは元気なく鼻をすすって言いました。「鼻風邪をひいちゃってね」

「まだいいほうさ。僕なんて鼻風邪にアレルギーが1週間も続いてるんだ」とジョン。

「そうかい」ジョージは言い返します。「じつはうちの妻が肺炎になってしまったんだ」

「それはそれは、ジョージ」ジョンは同情もせず言いました。「僕の妻は両側肺炎で、1か月も寝込んだままさ」

こんなふうにエゴはお互いに同情や承認を得ようとして、それが得られないと相手のエゴよりも優位に立とうとします。ここではジョンもジョージも、お互いに自分の苦境を相手に認めてもらいたがっています。ふたりはもっと穏やかに、仕事の成果（「大きな契約を取り付けたんだ」）とか、共通の知人のこと（「こんど市長の秘書とうちの妻が一緒にボウリングに行くことになってね」）などを話すこともできたはずです。

これと似たようなことは、あなたもしょっちゅう目にするでしょう。表面的なお愛想で相手から承認を得ようとする、一種の〝裏の心理学〟のようなものです。

ふたりの女性がジムでこんな会話をしていたのを思い出します。最近、明らかに体重が減ったアグネスが友達に話しかけました。「ねえ、スーザン、あなた痩せたんじゃない？」

「そんなことないわ」とスーザンは答え、ちょっと怪訝《けげん》そうにしてからアグネスをまじまじと見つめ、こう言いました。「でも、あなたは少し痩せたみたいね」

「あら、本当？」はにかんでアグネスは答えました。「そんなに変わったかしら。じつは私、ラウルにトレーニングしてもらってるの。あのモデルさんたちのトレーナーで有名なラウルよ。それに食料品を買うのはトレボン・エピキュリアン・マーケットの高級食材と決めているし、スティール・グレイのテニスの個人レッスンも受けてるわ。彼、私のことテニスの才能があるなんて言うのよ。ほら、あのスティールよ、若くて金髪の、素敵なテニスのインストラクター……」

こんな調子で話は続きます。

この会話は実際より簡単にして名前も変えてありますが、でも雰囲気はわかりますね。アグネスは自分が褒め言葉をもらうために、まずスーザンを褒めました。そして最近の成果を自慢するために有名人の名前をちりばめました。

周囲を見回してみれば、どれほど多くの人がこんなふうに相手を出し抜く手法や、「多くを受け取るためにちょっと与える」交際術を使っているか、よく見えてくるでしょう。それらはみな、ひたすら全体性を感じたいがための努力なのです。しかしそうした人間関係の築き方では、ますます空虚感がつのるばかりです。ふたりとも得ることだけを考えていれば、最後にはどちらも満たされずに立ち去るしかありません。通常意識ではそうなってしまうのです。

けれども、ふたりがユーフィーリングに気づき、みずからの本質である喜びと全体性を感じながら会話をすれば、人間関係はまったく違った次元へと進みます。自分の完全さを感じるために相手を必要としなくてもよくなります。すでに充足した喜びにやすらいでいるからです。こうした人にとっては、努力して与える必要はありません。与えるというより、みずから望むもののすべてが自動的に、自然に流れ出すようになります。みんなのための生命の愛、ユーフィーリングを放射しているのです。

では、人間どうしの関係についてもう少し詳しく見ていきましょう。より具体的に、恋愛関係にあるふたりを取り上げてみます。これはふたつの理由でよい例になると思います。第一の理由は、ほとんどの人が人生のなかで恋に落ちたことがあるからです。次にさらに重要な理由として、恋は普遍的な愛にもとづいた人間関係を築くための礎石となる、ふたつの経験をさせてくれるからです。

恋。それはあなたの世界をひっくり返します。毎日毎瞬、その人のことを考えます。眠れなくても無限のエネルギーに満たされています。一緒にいないとき、時間は果てしなくだらだらと続くような気がします。一緒にいるとき、時間は止まり、この人といるためだったらどんなことでもしたいと思います。ふたりで生み出した永遠性の渦の中で互いを中心に回るのです。

恋人は完璧です。彼は、彼女が食べ物を噛むとき小さな鼻にしわを寄せるのが好きです。彼女は、彼の男っぽい体臭と、たくましく鍛え上げられた肉体が好きです。その新しい恋人は美しく、りりしく、優しく、賢いでしょう。愛する人にいくら近づいても足りない気がします。相手の内側まで入れたらいいのに、と思います。食べてしまいたいほど愛おしく感じられます。

この圧倒的でほとばしるような恋が続くのは数日間くらいでしょう。ええ、まあ、時にはもう少し長く、数か月くらい続くこともあるでしょうが、遅かれ早かれ恋は終わりを迎えます。そうなったとき、あなたは違う理由で呆然とします。恋人を見つめ、あの興奮はいったいどこへ行ってしまったのだろうと思います。この人は、本当に私が恋に落ちた人と同一人物なのかしらと思うかもしれません。相手はあなたのエネルギーを奪い、包容力がなくなったように見えます。距離ができて無関心になり、することなすことといちいち神経にさわります。いまや彼女が食べながら鼻をすするのも音を立てるのも我慢なりません。あるいは、彼にもっとお風呂に入ってほしい、鏡の前で自分の筋肉にうっとりするのもいい加減にしてほしいと思います。以前、彼女はとても愛らしくて食べてしまいたいほどでした。いまはいっそ食べてしまえばよかったとさえ思うかもしれません。恋は、はかないものです。取り戻そうとして何をどうしようとも、あの最初に魅了された光り輝く瞬間は二度とふたたび戻ってきません。

なぜでしょう？　どうして恋のはじめの輝きは長続きしないのでしょうか。それは、恋愛とは条件つきの愛であり、私たち人間はそれよりずっと広大な冒険をするようにできているからです。ふたりが長い人生をともにして築き上げた成熟した愛ですら、ほとんどが条件つきです。そのような関係では、はじめの頃はお互いに正直でオープンだと感じるかもしれません。そして一緒に取り組めば愛を育むことができると感じるでしょうが、それは幻想です。それはまるでふたりが地平線の彼方へ消えていく2本のレールのそれぞれに立っているようなものです。平行して走る2本のレールは、やがて地平線の果てで交わり、ある地点でひとつになるように見えますが、それが幻想なのです。ふたりで手を携えて人生の旅路という2本のレールをどこまで行こうと（まさにメロドラマ風ですね）、そして地平線にたどり着いたとしても、レールは相変わらず2本のままです。それは私たちが人間だからです。人間であるということは、それぞれが独自の存在であるということなのです。

ふたりとして世界をまったく同じように見ている人はいません。一人ひとりがみな違った欲求、興味、才能、人生経験、遺伝子、身体的必要性などを持っています。これらすべての特性が、その人がどのように世界を見るかに影響しています。長く一緒にいるふたりは特にお互いの違いについてはよくわかっています。事実、違いは関係を補完します。違いは関係を強くし、エネルギーと柔軟性をもたらすでしょう。けれども、愛が築かれるのは〝違い〟の上ではありません。愛は〝同じ〟であるところから育つのです。

庭に咲くふたつの花は、どちらも同じ豊かな土壌から生えています。土から養分を吸い上げて、花は生まれ持った固有の美を放ち、まわりを楽しませてくれます。土から栄養を得ることができなければ花はしおれてしまいます。しおれた花は、生まれ持った美しさをいかんなく発揮することができず、その美しさを誰かに認めてもらうこともできません。

ふたつの花を支え養っているのは同じひとつの土壌です。そして私たち一人ひとりを支え養っているのは、ユーフィーリングの境界のない性質とその純粋な反映です。ユーフィーリングとはひとつの土壌であり、ユーフィーリングに気づくとき、私たちはみなが根本的に同じものに支えられていることに気づくのです。ユーフィーリングに気づくことは、平和と喜びと愛をもたらします。ほかの人のユーフィーリングに気づくこともやはり同じです。

無条件の愛とは、境界のない無限の愛です。それは、いつでもどこにでもあるという意味です。ふたりで人生をかけて、すでに自分自身であるものになろうと頑張らなくていいのです。無限の愛になるために一緒に成長することは、難しいのではなくて不可能なのです。なぜならあなたに必要な愛はすべて、もうあなたにあるからです――より正確に言うと、あなたはすでにあなたが探している愛そのものなのです。ただそれに気づくだけです。では、一般的な条件つきの恋愛関係に、どうすれば無限性の要素を加えることができるのかをお話ししましょう。

まず、あなたと相手がお互いに怒って口論しているところから検証を始めます。最初にするのは、相手と離れることです。それによって怒りとは何か、それをどのように中立化させ、どうやってユーフィーリングの知覚に転換すればいいか、落ち着いて観察することができます。これはあなたひとりで行います。するととても穏やかで育むような喜ばしい体験をするでしょう。平和を見いだすために自分と戦う必要はありません。そうしてふたたびユーフィーリングの知覚がしっかり戻ったら、相手と一緒に癒しのための会話を始めます。これはさっきのジョンとジョージのような、通常意識によくある会話にはなりません。その会話は、ＱＥ意識でなされ、怒りが吹き出した傷口――数日前の傷でも、いまできた新しい傷でも――に癒しの軟膏が浸透していくでしょう。

では、あなたと相手が怒りをあらわに口論しているとき、活動――この場合には精神活動ですが――という観点から、何が起きているのでしょうか。より活動的になることは、より無秩序になることを意味しています。秩序は調和と癒しの同義語なのです。ゆえに多くの精神活動を経験すればするほど、心に映し出される調和と癒しは減少します。逆に言えば、経験している活動が減るにつれてより多くの平和と調和が実現するのです。純粋な気づきに気づくことは〝無〟に気づく、すなわち完全なる無活動ということです。目覚めている状態、夢見の状態、深い眠りの状態、そして純粋な気づきという４つの意識状態に関する研究では、純粋な気づきに気づいているとき、私たちは最も深い休息を得ています。深い睡眠で得られるよりもさらに深いレベルの休息です。だからこそQEはこんなにも短い時間で、これほど深い癒しをもたらすのです。

QE意識にあると、私たちは純粋な気づきに触れ、ユーフィーリングに気づきます。静かに、落ち着いて考えるのです。これは実のところ人間の5番目の意識状態にあたり、純粋な気づきの中にただじっとしているわけではなくて、実際に静かで整った精神活動レベルから日常生活を送っているのです。QE意識のレベルで生きるということは、より傷つかず、より癒されているということです。ふたりの人間がQE意識のレベルから関わると、相互に完全に支えあうことになります。どちらもすでにユーフィーリングに満たされているので、相手から何も得る必要がありません。自分を承認してもらうなど自己満足を得るために会話の内容をあてにしなくていいのです。お天気のようなさりげない会話でも、ふたりは至福のなかで交わすでしょう。相手から何も奪う必要なしに会話を始め、お互いの瞳に反映された内なる本質を見、どちらも求めに応じて差し出し、受け取り、満たされて立ち去ります。

これが完璧な関係のつむぎ方です。ストレスや混乱があるときは、怒りや罪悪感、不満や不安、恐れなどをただユーフィーリングの育みの水の中に放つようにします。そうすると、QE意識の静かなレベルから相手とつながり直し、全体性を生きる喜びを分かち合うことになります。

何かの問題をめぐってお互いに言い争っているとき、それに対する相手の態度が、もしくは問題そのものが怒りの原因だと感じるかもしれませんが、そうではありません。心が通常意識のなかで迷子になり、怒りの原因を外側に探し出そうとしているのです。原因は外側にはありません。自分の不機嫌の原因は、ひどい渋滞や、気が利かない同僚や、無愛想な警官のせいだと思うかもしれませんが、別の機会や別の人では、それとまったく同じ状況なのにちっとも気にならない場合もあるでしょう。

怒りもまた敵ではありません。感情は生命の一部です。怒りがないというほうが不自然でしょう。私たちはただ、荒れ狂う感情の大波につぶされて人生の喜びを沈められてしまいたくないだけなのです。人間なら誰でもみな一度や二度は、ネガティブな感情に圧倒され、呑み込まれてしまうことがあります。しかし破壊的な感情は原因ではありません。それは症状なのです。

では、あなたと相手の口論に戻りましょう。活動的であるほど無秩序になると言ったのを思い出してください。腹が立っているとき、心はより活動的で、より混乱してしまいます。あなたにも覚えがあるでしょうが、喧嘩の最中にはふだんなら決して口にしないような馬鹿げたせりふや暴言を吐いてしまうものです。

特に激しい言い争いのあと、少ししてから頭の中で急に電球が灯るように、「あ！ これを言えばよかった！ 私、本当はこれが言いたかったんだ」などとひらめいたことはありませんか。

これは、静かな心から整った考えが出てくるという見事な例です。口論から離れると、たちまち心は落ち着き始め、より筋道立てて考えることができるようになります。これからお伝えするQEは、怒りの有害な影響を乗り越えて、すばやくユーフィーリングの癒しと調和へと意識を開

心の活動レベル

通常意識
- 10 9 8　強い感情（恐怖、怒り、悲嘆）
- 7 6 5　集中していない意識状態（心が自動操縦になっている）
- 4 3 2　集中した意識状態（読書、出納帳、音楽など）

1　ＱＥ意識（ユーフィーリング）

---

0　純粋な気づき

くものです。

　あなたが純粋な気づきに気づいているとき、心に活動はありません。上の図で、一番下の0は純粋な気づきの無活動を示しています。横線のすぐ上の1という数字は、ＱＥ意識、ユーフィーリングの気づきを表わします。5〜7は日常的な精神活動レベルで、心が自動操縦になっているときの通常意識です。たいていの人はこの状態で日中の大半を過ごしています。そして2〜4はより集中した思考状態の通常意識です。出納帳の収支を計算したり、モーツァルトのソナタにじっくり耳を傾けたり、本を読んだり休暇の計画を立てたりしているときです。最後に、8〜10は最も激しい精神活動レベルで、恐怖、怒り、悲嘆などの強い感情や、身悶えするほどの強烈な恋愛感情を経験しているときの意識状態です。

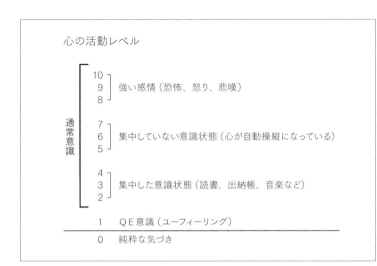

思い出してください。活動という観点からすると、思考が活発になるほど心の活動は論理的でなくなります。思考が静かになるほど、論理的で調和に満ち、癒しと愛が増すのです。ですから相手と口論しているとき（図の8〜10）にまず行うべきは、状況から身を引くことです。そこを離れるやいなや怒りは消散していきます。

この〝クールダウン〟の期間を、心が集中した意識状態（2〜4）になるまで維持します。集中した意識のときに、心は怒りの影響から自由になります（もし5〜7の散漫な意識状態にあれば、心は意識的なコントロールがきかず自身の活動に取り込まれてしまいます）。ひとたび集中した意識になれば、たやすくQEに入れるでしょう。QEをすると、まず純粋な気づきの深い休息（0）を経験し、それからQE意識（1）の癒しの効果を受け取ります。

では、髪の毛が逆立つほどの激しい憤りから、集中した意識へ、そしてユーフィーリングへと移るにはどこから始めればいいのかですって？　よく聞いてくれました。集中した意識にあればすぐに椅子に座り、目を閉じてQEを始められますが、怒りにとりつかれているときには静かに座って目を閉じることさえ難しいでしょう。そこらじゅう歩き回りながらぶつぶつ言い、握りこぶしを手のひらに打ちつけているかもしれません。頭の中ではさっきの口論が繰り返し上演されています。感情の激流に襲われて、座ることはおろか目を閉じることなんかとてもできませんね。それでも大丈夫です。あなたが座れなくても、どんな姿勢、どんな精神状態でも、次の指示に従って始めてみてください。そして座れるようになったら、椅子に腰を下ろして目を閉じ、プロセスを進めましょう。この方法は怒りだけでなく、恐れ、罪悪感、悲しみなど、どんな強烈な感情を癒すためにも使えます。

## ＊第1段階　感情体《エモーショナルボディ》を癒す

椅子に楽に座り、目を閉じます。心を怒りの原因へと連れて行きましょう。相手の人、状況、特にあなたが感じた怒りに意識を向けてください。心の中でそのシーン全体を再現します。怒りをできるだけ強く感じてみましょう。それから自分の身体を意識してください。感情はつねに身体のどこかに表現されています。一度に全身に気づきを向け、怒りで不快感や緊張を感じている部分に気づいてください。この感情は身体中どこにでも現れる可能性がありますが、最もよく見られるのは、みぞおち、心臓、ひたい、首、あごの筋肉、肩、手、それに心拍や呼吸などです。

身体のどこかに特に強く怒りが表現されています。最も強く怒りが現れているその場所へ気づきを向けます。そこで感じている感覚に注目してください。干渉はしません。ただ見て、正確な場所、強さ、どんな感じがするかをよく観察します。収縮する感じ、それとも締め付けられる感じでしょうか。殴られたような感じ、または脈打っている感じや、熱かったり、冷たかったり、ひりひりしたり、しびれたりする感覚はありますか。どんな感覚、どんな強さであれ、注意深く観察してどうなっていくか見守ってください。身体に現れたこの怒りの表現はすぐに変化しはじめるでしょう。いつ、どのように変化するかを見てください。

身体に表現された怒りはどんなふうに変化していくでしょうか。強くなることもあれば、和らいで消えてしまうこともあります。大きくなって身体のほかの部分に広がるかもしれません。感覚はどのようにでも変化します。たとえば収縮していたところが熱くなったり、ゆるんでぴりぴりしてくるかもしれません。別の場所に注意が引きつけられるかもしれません。変化に抵抗しないでください。何にも抵抗しません。ただ感覚とその強さに気づきながら、どの部分がどのように変化するか注意深く観察します。

もし起きていることに自分が抵抗しているのに気づいたら、その抵抗や判断を観察します。抵抗しないように、ともしないでください……身体に起きていることを観察するだけです。わかりますか？　身体が何を感じても、あなたはそれを観察しています。

感情体がある程度の癒しを体験すると、心がふたたび動きだすでしょう。経験している怒りの原因に引き戻されるかもしれません。批判したり、非難したり、自分が哀れな犠牲者に思えて悲しくなったりするかもしれません。問題ありません。自分の心の中にはまり込んでいる（つまり怒りのきっかけとなった状況や人にまつわる考えにとらわれている）と気づいたら、いつでもそっと身体に意識を戻してください。身体の全体に気づきながら、怒りが最も強く現れている場所に意識を向け、それがどのように変化するか観察を続けます。

あなたの感情体は癒しに向かい、心は怒りによる圧倒的な混乱から解放されるでしょう。怒りはまだ強くても、いまは少し穏やかな精神状態でそれを体験できます。頭の中では自動的に出来事のテープレコーダーが回り続けていますが、心はいつもの通常意識のレベルに落ち着きます。癒しの過程でこの段階になれば、もはや怒りに呑み込まれてはいません。ひとつの怒りの大津波は個々の小さい波に砕かれたのです。この小さな怒りの波はあらゆる方向からやってきます。まだ苛立ちはおさまらず、怒りの原因に見える出来事や人について何度も考えてしまうでしょう。気がつくと、繰り返しそのことを思い返しては、心の中の裁判所で誰が悪くて誰が正しかったか断罪しているかもしれません。それはあなたのエネルギー、生産性、平和を奪います。とうとうあなたは「心よ、黙ってくれ、もうすべて放り出したいんだ！」と言うかもしれません……ええ、そうなるでしょう。

これはまったく自動的で、あなたにはコントロールできないところです。集中していない通常意識の典型的な例です。あなたがどう感じていようと、あなたは癒されつつあります。頭から湯気を立てて部屋を歩き回っていたときほど、いまは取り乱していませんよね？　あなたは落ち着きを取り戻しました。ではより精妙なレベル、心の癒しに進みましょう。

……………

## ＊第2段階　精神体《メンタルボディ》を癒す

5秒から10秒、心を漂わせます。そうしながら、自分が何を考えているかに気づきます。

映画を見に行って、心のスクリーンにあなたの思考が上映されるのを座って眺めているような感じです。この心の映画をさりげない注目と静かな好奇心で見てください。石の表面を這っていく虫をじっと見つめるネコのように、と言えばわかりやすいでしょうか。ネコは虫の動きに完璧に集中していますが、くつろいでいます。虫に飛びつくかどうかは決めていません。そんなことにおかまいなく、ネコはただ虫が動く様子をくまなく観察しているだけです。虫が右や左へ動いたり止まったりしても、ネコの注意は完全に保たれています。それはまるで、虫の見ているものがネコの目を通り、心に遮られることなく素通しで体内まで流れ込んでいるかのようです。

思考は虫のようなものです。くつろいだ集中で思考を観察し、次にどうなるか見守ってください。中身を気にかける必要はありません。その思考の中身は怒りから生まれています。ですから、注目すべきは思考が何をしているかであり、思考の意味ではありません。この時点では、自分の考えの意味を理解しようとしても逆効果です。自己省察や分析は、癒される必要のある感情から気を逸らしてしまいます。実際それは一種の逃避なのです。自分の心が分析や思索にふけっているのに気がついたら、そのとき感じている感情に意識を戻すようにしてください。

怒りが晴れれば、思考の中身はたちまち協力的で生産的なものになります。たとえばもっと活発になることもあるし、薄れて消えていくこともあります。つまり思考が瞬間的に掻き回されて混乱することもあれば、静かになって和らぐこともあるでしょう。あるいは向かう先を変えたり、すべて一度に止まってしまうかもしれません。思考が何をしていようと、あなたの仕事はただそれを観察するだけです。それ以外には何もしません。

心がまた沸き立ちはじめ、怒りがぶり返すこともあるでしょう。それは単に、自然な癒しに少し時間がかかっているというだけです。怒りその他の感情がふたたび強烈になってきたら、そのときは身体に気づきを移し、感情体を癒してください。今度はより速やかに身体の感覚が消えていくでしょう。それからまた思考を観察し、精神体の癒しに戻ります。

---

イライラの種や怒りの原因から自分を引き離さないかぎり、あなたはこれからも繰り返しその感情に呑み込まれてしまうことになります。その渦中から自分を引き離すためには何が必要なのでしょうか？　それはあなたの怒りの引き金になるもの、あるいはあなたの全体的な幸福感をおびやかすものが何かによって異なります。もしかすると、心が静かなレベルに落ち着くまでの充分な期間、あなたは相手と離れていられないかもしれません。もしくは働きすぎたり、暴飲暴食、睡眠不足、運動不足など、ストレスや疲労のレベルをさらに引き上げるようなことをしてしまう場合もあるでしょう。

まず身体を、それから心を、集中した意識でユーフィーリングにアクセスできるようになるまで観察するという、このプロセス自体はとても単純なものです。ただしそれにふさわしい健全さや調和を支えられるだけの力と状態に自分を同調させなければなりません。よく休み、よく食べ、ユーフィーリングの視野がしっかりあなたに根づいて開花するまで、たっぷりと時間をとってください。

これは大切なことです。たとえ腹立たしい要素から自分を遠ざけられないとしても、感情体と精神体を癒すエクササイズとQEのプロセスは続けてください。結果は驚くべきもので、思いもかけない形で実現するでしょう。結果が現れるまでに少し時間はかかりますが、それは長い苦悩から解き放たれる喜びとともに確実にやってきます。ありうる唯一の過ちと言えば、この特筆すべき癒しの機会に何の効果もなかったと早合点し、その人間関係をまるごと投げ捨ててしまうことです。信仰も希望も信念もいりません。必要なのはこのプロセスを日に二度か三度行い、目の前で展開することにネコのような注意深さで完璧にさりげなく注目すればいいだけです。

遅かれ早かれ、思考は静かになります。そうなったとき、あなたはなんだか気分がよく、幸せな感じがしているのに気づくでしょう。軽くて自由で、解放感、静けさ、平和や喜びさえ感じているかもしれません。そうです――あなたの身体と心を占めていた騒々しい混乱の奥で、ユーフィーリングがずっとあなたを待っていたことを再発見するのです。5分か10分くらい目を閉じてQE意識のなかで楽に座り、その後できれば横になってさらに10分か15分休みます。

原因となった出来事に深く苦しんでいるときは、ひとつのセッションでQEヒーリングを何回か繰り返す必要があるかもしれません。とりわけ、頻繁にまたは長期的に怒りを感じてきた場合には毎日何度か行いましょう。やがて怒りは大幅に弱まり、ネガティブな感情による消耗から解放されて、おおらかに平凡な毎日の喜びに心を開くことができるでしょう。

もうひとつ。どんな人も対象も状況も怒りの源ではないのだとわかると、怒りの原因が自分の外側や内側にあるという幻想にあなたを縛り付けていた感情の足かせから自由になります。破壊的な感情の根本には恐れがあり、他のすべてのネガティブな感情と同じように、ユーフィーリングと切り離された意識から生まれています。この本ですでにあなた自身、何度もそれを見てきましたね。でも怒りは簡単な方法によって避けることができます。怒りが爆発して制御不能になる前に、身体に気づきを向けるのです。まだ自分では怒っていると気づかないうちから、身体に怒りが出ているかもしれません。そこにある信号を、ちょっとした練習ですばやくキャッチできるようになります。これはとてつもなく価値があります。理性的な思考と内なる平和が失われる前に、感情体を癒すことで即座に怒りを消散させてしまえるのです。つまり、怒りのかすかな芽がふくらみ始めた瞬間に気づき、つぼみのうちに摘み取ることを学ぶのです。

怒りから完全に解放されないと、完璧な人間関係をつむぐ次の段階に進めないわけではありません。まずは自分自身について楽に感じ、仲間である相手ともあまり緊張しないで一緒にいられるようになってください。あなたの基盤に入っていたひび割れが修復されたら、いよいよふたりで手をたずさえて完璧な関係を築き始めるときです。

## ユー・コミュニケーション

すでに述べたように、ふたりの人間が欲求から結びついているときは、どちらも満たされずに立ち去ることになります。一方、ふたりの人間が全体性から接するとき、それぞれの〈自己〉をたやすく分かち合い、充足感とともに会話を終えます。ユーフィーリングに気づきながら誰かと関わるとき、あなたは〝ユー・コミュニケーション〟をしています。この世界を創造し維持しているのと同じ無限のエネルギー、調和、知性を引き出しているのです。何かが欠けていると感じたり、空虚感に苦しんで誰かの承認や賞賛で埋めてもらおうとすることもありません。人があなたをどう思うかに振り回されなくなるのです。本当はノーと言いたいのにイエスと言ってしまうこともありません。つまるところ、あなたは自由で、あるがままのあなた、のびのびと愛情あふれる自分でいるということです。

相手と再会するときが来たら、ユーフィーリングの気づきのなかで話をします。とても簡単です。次のようにします。

[注] 会う前に目を閉じて座り、あらかじめユーフィーリングに気づいたり、何分かQE意図をしておくのも助けになるでしょう。ただしこれは再会の雰囲気を整えておくためなので、どうしも必要というわけではありません。

## ＊第3段階　ユー・コミュニケーション

ユーフィーリングに気づきながら相手に話しかけます。もし心がかき乱されるような感情があれば、それにも注意を向けてください。気づきを全身にひろげ、そうした感情が身体のどこに現れているかに気づきましょう。一瞬そこに気づきを向けるだけで、隠れた不安を消滅させる助けになります。それから会話を始めます。まずは感情が動揺しないような他愛ない話から始めてください。お天気や最近見た映画、あなたの庭の様子などでもいいでしょう。

話をしながら、ときどきユーフィーリングに気づきを向けます。相手の話を聞くときも同様にします。言葉と言葉のあいだにユーフィーリングを見つけてください。自然に目が合ったら、そこにあるユーフィーリングに気づきます。ときどき相手の目を見ながらユーフィーリングの気づきを保つことは特に大きな癒しになるでしょう。ユーフィーリングの気づきとともに、話し、聞き、目を合わせるようにします。

---

ずっとユーフィーリングに気づき続けていようとはしないでください。瞬間の美しさを見逃してしまいます。思い出したらユーフィーリングに意識を向けるだけでいいのです。それがそこにあるか、そっと確かめるような感じです。小さな子どもが遊んでいる最中にふと顔を上げ、お母さんがそこにいるか確認するようなものです。母親はいつも子どもを見守っています。ユーフィーリングもいつもそこにあります。母親に見守られているのを感じ、安心してまた遊びだす子ども

のように、私たちもユーフィーリングに満たされて会話に戻ります。

私たちは愛を育てる必要はありません。すでにそこにある愛に気づくだけでいいのです。誰もがみな普遍的な愛から生まれています。それを忘れてしまったとき、全体性を取り戻そうとしてあれこれの断片を人生に集め始めるのです。一度ユーフィーリングを思い出せば、私たちのすべての考え、言葉、行為が自分の本質である全体性を反映するようになります。身体と心はたえず人生の荒波に揉まれていようと、ユーフィーリングにしっかりと碇を下ろした意識はもう二度と相対性の岩礁に打ち上げられてしまうことはありません。

## 相手のためにできること

会話のなかで、一方だけがユーフィーリングに気づいているという場合も多いでしょう。あなたがユーフィーリングを体験し、相手が体験していないとすれば、時間はかかるかもしれませんがそれでも結果は出ます。ふたりの人間がともにユー・コミュニケーションをしているときには私がN2効果と呼ぶものが働きます。つまり、ふたりのユー・コミュニケーションでは相乗効果が起こり、2×2で4人分のユーフィーリングの力が働くのです。これを調和指数と呼びましょう。ふたりともユー・コミュニケーションにあれば調和指数は4になります。またユーフィーリングに気づいている人が気づいていない人と話しているとき、調和指数は1です（1×1＝1）。

もしふたりともユーフィーリングに気づかず通常意識で会話していたら、調和指数は0です。それとも不調和指数を4とでもするべきでしょうか……冗談です。でも、考えてみる価値はありそうです。

要するに、もしユーフィーリングに気づいているのがあなただけなら、おそらく変化はゆっくりと起こるでしょう。ふたりが一緒にユーフィーリングを体験するという究極の喜びは半減しますが、どうかがっかりしないでください。それでもあなたはユーフィーリングに気づかず不調和を増幅させてしまうより、はるかに力強い癒しの場をつくり出しているのです。

では、ユーフィーリングに気づいていない人のためにできることは何でしょうか？　何もありません。それは究極的な意味でです。私たちにできることはありますが、私たちが誰かのために代わってしてあげられることは何もないのです。私たちは癒しを促す場をつくり出すことはできても、癒しを展開させるかどうかはその人自身の責任なのです。

整った秩序は人々の癒しを促しますが、癒しはあなたの思うような形では起こらないかもしれません。紙の上にばらまかれた鉄粉に磁石を近づけると、鉄粉は最終的に磁力にそって整然と並ぶまで、さまざまな動きをしながら配置を変えていきます。同じように、あなたの人間関係でも完璧な調和が居場所を見いだすまで、大きな再調整がなされる可能性もあります。最良の策は、あなたはあなた自身のためにユーフィーリングを享受し、あなたの家族や友人や隣人や恋人も彼ら自身で自分の面倒を見られるようにすることです。とても不思議ですが、これが完璧な人間関係のための最もシンプルで簡単な近道なのです。

ほかに私たちにできることは何でしょう。遠隔ＱＥ、遠隔の感情ＱＥ、もしくは私のお気に入りのＱＥ意図はどうでしょうか。これらはどれもあなたの人生に癒しと調和を加速させますし、それをするのに誰の許可もいりません。忘れないでください、あなたは誰かのために、あるいは誰かに代わってそれをしているのではないからです。ＱＥはつねに自己探求であり、自己の目覚めであり、あなたの内と外に強力な癒しの環境をつくり出します。ただし、まわりの人にとってそれは喜びへの誘《いざな》いにすぎません。最終的には一人ひとり自分自身で決めることです。そして、それはたいてい、あなたがユーフィーリングの至福にいるときに起こるようです。

## 完璧な関係をつむぐプロセスのまとめ

[第1段階] 感情体《エモーショナルボディ》を癒す

●目を閉じて座り、心が掻き乱される状況を思い起こす。
●一番強いネガティブな感情を見つける。
●全身に意識を向ける。
●その感情が最も顕著に現れている場所に気づく。
●その感覚をよく観察し、どう変わっていくか見守る。
●そこに現れている変化を観察し続ける。
●しばらく身体を観察していると思考や分析が心に戻ってくる。
●ふたたび身体の感覚に気づきを向け、心が静かになっていくのを感じる。
●精神体を癒す準備が整う。

[第2段階] 精神体《メンタルボディ》を癒す

●目を閉じて座り、自分の考えが展開するのを映画でも見るように眺める。
●くつろいだ明瞭な気づきで観察する。
●思考の数や強さを（感情も含めて）観察する。

●それらがどのように変化していくか注意深く見守る。
●まもなく思考はゆっくりになり、静かになる。いい感じがしてくる。
●そのいい感じ、すなわちユーフィーリング（静けさ、軽やかさ、広がる感覚、平和、喜び、至福など）に気づきを向ける。
●ユーフィーリングの変化を見守る。消えてしまったら、気を楽にしてまた見つける。
●5分から10分、もしくはユーフィーリングが自然にそこにあるあいだ、ユーフィーリングをそっと観察し続ける。
●ゆっくりと日常生活に戻るか、少し横になって休む。
●ユー・コミュニケーションの準備が整う。

［第3段階］ユー・コミュニケーション

●相手と会話するあいだ、さりげなくユーフィーリングに気づく。
●ユーフィーリングに気づきながら自然に目を合わせる。
●言葉の隙間にある静けさにユーフィーリングを見つけて味わう。
●ユーフィーリングは来ては去る。つかもうとせず、ときどきふと気づくだけ。
●何も期待しない。一緒にいるあいだ、ユーフィーリングがただ会話の中と外を出たり入ったりしているようにする。

パート Ⅲ

# QEを日常生活に応用する

# 28章 眠りと不眠

眠りに落ちることは自然で美しい営みです。自然だというのは、条件がそろえば横になるだけで何もせずに眠りがやってくるからです。私は何もしないという活動が好きです。これをマスターすれば、眠りはあなたを素晴らしい気分にさせてくれます。エネルギーが増し、思考は冴え、なかには外見まですっきりする人もいるでしょう。

かなりよく眠れてはいるけれど、夜の睡眠でもっといい休息をとりたいという人へのヒントはこうです。布団に入るとき、横になる前に2分から5分ほどQEをしてください。これは日中にたまった表面のストレスを溶かす素晴らしい方法です。身体は1日中ずっと引き締めていた小さな緊張の結び目をほどき、心は中立に戻り、体内時計がリセットされます。QEを終えたら、ただ横になって天国のような至福の深い眠りに落ちていきましょう。

いっぽうで、よく眠れないという人もたくさんいます。私もかつてそのひとりでしたが、いまでは赤ん坊のようによく眠ります（新生児を抱えて疲れ切った人にとってはこの比喩は適当ではありませんね）。よく眠れない理由はさまざまです。刺激物の摂取、不健康な食事、運動不足、時差ぼけ、ホルモンバランスの低下、そのほかの医学的理由（痛みや精神的ストレスなど）も睡眠の妨げになります。

理由を挙げればきりがなく、良質な睡眠という必要不可欠で心地よいものがこんなにも簡単に妨げられるのはなんだか不当ですね。不眠というのは症状ですから、よく眠れないなら、なぜそうなのかを突きとめて修正してください。カフェインをとりすぎていたら控えるようにしましょう。運動が必要なら、ソファから立ち上がって近所を散歩します。それでも解決しないとき、あるいは何が原因かわからないときは、QEの出番です。

不眠の原因として最も多いのは感情的なストレスです。ストレスの原因が自分でわかることもあるし、まったく心当たりがないこともあります。どちらの場合もQEは申し分なく働きます。QEはあなたの存在全体を調和させるので、手の届かない心の奥の、気づかない隠れたストレスまでゆきわたるのです。日常的なストレスには1日を通して何回もQEをするようにお勧めします。一度に1分でもいいし、それ以上（10分から30分）でもかまいません。私のお気に入りは、起床直後の延長QEです。それで1日の調子が決まるからです。また就寝前にも行います。QEは松果体のメラトニン分泌を含むホルモンの働きを整え、体内時計を調整する助けになると考えられます。

眠れるか、そして眠りを保てるかが差し迫った問題になることもあり、何かに悩まされているときは特にそうでしょう。上司と言い争いをしたかもしれないし、請求書の支払いに四苦八苦しているかもしれません。ことによると、10代の娘が両腕から首にかけてお気に入りのヘビメタバンド全員のタトゥーをいれ、総仕上げにおでこの真ん中にドラマーの交差したスティックまで入れようとしているかもしれません。娘はそのバンドを永遠に愛すると言い……そしてあなたはどうして眠れないのだろうと悶々としています。

ストレスは心を暴走させます。扇風機の回転する羽根のように思考がぼやけてきます。あなたは数分でもいいから心に静けさが訪れてほしいと切望するでしょう。そのときこそQEです。思考をただ観察するだけで心は静かになります。あなたはすでに〝純粋な気づき〟の無思考状態を経験し、そして思考がどのようにユーフィーリングの周囲にそっと集まるかを経験しましたね。これはストレスを感じていても同様なのですが、ちょっとした違いがあります。

ストレスに満ちた状態の真っ最中にQEをすると、落ち着いた状態でのQEとは少し異なるのがわかるでしょう。すべては相対的です。あなたの思考がトタン屋根を撃つ機関銃の弾のように激しく音を立てているときにQEを始めれば、気づきが穴だらけになる感じがするかもしれません。思考が気づきを追い払ってしまい、QEは忘れられます――ときには何分も。でも、それでも大丈夫なのです。いつものような落ち着きを感じられなくても大量の癒しの力が働いています。QEをしなかったより、ずっと早く立ち直っているでしょう。QEでは受け取ったものがそのまま手に入るのです。最初の時点でQEをしなかったよりも、はるかによい結果になります。

しないほうがいいのは、平和を感じることを目標にしてしまうことです。すでにおわかりの通り、そうすると両極性が生まれ、ふたつの異なった方向へと引っ張られます。ええ、平和を感じて不安から解放されるのは素晴らしいことですが、平和になろうと努力することもやはり努力であり、それは平和とは真逆です。必要なのは単純な観察だけです。見ることと、待つことです。扇風機の電源を切ると、羽根が完全に止まるまでに少し時間がかかります。激しく動揺している最中にQEを行うのもこれと同じです。感情的なストレスは、思考を回す電気のようなものです。QEはストレスという電源を切りますが、回転する思考がゆっくりになって止まるのに時間がかかるのです。何も期待しないでただQEをしてください。きっとあなたは驚くでしょう。

もちろん、動揺していないときやプレッシャーを感じていないときにQEをするのは、銀行にお金を預けておくようなものです。そうすればストレスが羽根のスイッチを入れても、純粋な気づきとユーフィーリングの調和的な影響から離れずにすむでしょう。

## 人のために役立てる

QEは他者の良質な睡眠を手伝うためにも使えます。ときには数分しかかからないこともあります。隣で寝ている人がよく眠れないとき、手を伸ばしてその人のひたいや胸や背中に手を置いてください。そしてQEをします。ほどなく、呼吸が深く規則的になっていくでしょう。すぐに眠りに落ちないとしてもQEから深い休息を受け取っています。もちろん、病気のために眠れなくて苦しんでいる人にもＱＥはうってつけです。

寝つきの悪い子どもや、怖い夢を見て夜中に目を覚ます子どもも、穏やかなＱＥのセッションにとてもよく反応します。自分へのＱＥに慣れてきたら、子どもたちに寝る前のお話を読み聞かせながらＱＥをすることもできます。

# 29章 起床

多くの人にとって起床はあまり快いものではありません。とりわけ目覚まし時計に起こされるときはそうでしょう。それは幻想的な夢の世界と無意識の至福に満ちた深い眠りから、日中の意識が身体と心を取り戻す瞬間です。その意識は、これから始まる1日の猛攻撃にあなたを備えさせようとします。睡眠不足や、前夜の食べすぎ飲みすぎ、その日に嫌な仕事が待っているといった憂うつな気分は、この最初の活動を暗い色に染めてしまいます。私たちは本来そんなふうに目覚めるようにできていません。

起床時の意識は、優しく育むような平和の雰囲気や、1日への静かな期待に包まれているものです。毎朝数分のQEで、その日を完璧に始めることができます。次のようにしてください。

……………………

眠りから目覚めたことに気づいたら、すぐに伸びをし、あくびをして、布団の上で静かに座ります。自分が何を考えているのかに気づき、これまでと同じように思考を見つめ、静かな期待とともにユーフィーリングを待ちます。ユーフィーリングがあなたを待っていてくれたのがわかるでしょう。１分ほどくつろいだままユーフィーリングを観察します。それから、ゆっくりとその日のことに心を向けます。一群の考えが来ては去るたび、気づきをユーフィーリングに戻してください。これを5分ほど行い、穏やかでときめくような１日の始まりを創造しましょう。

# 30章 歯みがき

QE流の歯みがきは、まず歯ブラシに歯みがき粉をのせる前に少し間をとります。その静止の瞬間にユーフィーリングを見つけてください。目を開いた状態で難しければ、目を閉じて思考を観察し、考えが鎮まってユーフィーリングが訪れるのを待ちましょう。

つぎに歯ブラシに歯みがき粉をつけて、ユーフィーリングに気づきます。その気づきを保ちながら静かにそっと歯をみがき始めます。歯ブラシがどのように手に感じられるか、注意を払ってください。歯ぐきや歯のあいだにブラシはどんなふうに当たっていますか？ 舌は口の中のどこにあり、歯みがき粉をどう感じているでしょう。どんな味がしますか？ 歯みがきの一つひとつの動作に注意を向け、そのたびユーフィーリングに気づき、また続けます。

2分くらい優しく歯をみがいたあと、口をすすぎながら水が舌や歯の上を動き回る感触をよく感じてください。さあ、これで1日を静かな気づきと平和な気持ちで――そして真珠のように真っ白な歯で――始める準備ができました。これ以上の人生があるでしょうか？

# 31章
# 食事

多くの人は食べること自体にほとんど注意を払っていません。私たちは食事を、楽しくはありますが、仕事など活動の手を休めてしなければならない義務のようにみなしています。アメリカではしばしば移動しながら食べ、ハイウェイではひざでハンドルを操作しつつ口に頬張ったハンバーガーやブリトーを飲み下す姿をよく見かけます。私たちの関心はもっぱら量と手軽さにあり、食事の質や雰囲気や消化のプロセスにはほとんど注意を払いません。

栄養士は、病気や身体症状の大半は消化不良によって引き起こされ悪化すると断言しています。「でも消化は自分ではコントロールできないでしょ。食べ物をのみ込めば自動的に消化されるんじゃないの」と思うでしょうか。とんでもありません、あなたは自分で消化をかなりコントロールできます。それを知らせるために私はここにいるのです。その過程で、ＱＥがきわめて重要な役割を果たします。

消化はまずはじめに口の中から始まります。食べ物を嚙むことで酵素と混ざり、消化のプロセスが始まるのです。そして口の中の食べ物の化学的な情報が舌の受容体から脳へと送られます。

すると脳は胃に、食べ物を受け入れる準備をするよう伝えます。

口の中ではたくさんのことが進行し、とりわけ咀嚼《そしゃく》は消化と吸収にとても重要な役目を果たします。食べ物を液状に近くなるまでよく噛まないと、それはきちんと消化されず、あらゆる種類の問題を引き起こします……アレルギーや湿疹、疲労、関節炎、感情的問題などなど。

私はよく人が食べているところを観察します。自分でも妙な習慣だとは思いますが、どうやらレストランでは私のなかの医者が顔を出すようなのです。人々がいかに食べ物を噛まないか、それにはいつも驚かされます。食事をする人を見ていると、思いきりハンバーガーにかぶりつき、口いっぱいにして3回か4回噛んだかと思うと、あごを天井へ向けて飲み込むのです。しおれたレタスやピクルス、パンや肉のかたまりが、まるで大蛇に呑まれた獲物のように喉を下っていくのがよく見えます。ああ、噛まないとは何たることでしょう!

では、QEはどのようにして食事と消化を助けるのでしょうか。QEはバランスを整えます。正常に働く消化器官は、どの身体器官もみな同様ですが、弊害なく機能するようにバランスがとれている必要があります。食べる前に30秒のQEをするだけで食事に調和がもたらされます。それはあなたをゆったりさせるので、消化器官は食べ物を受け入れる準備ができます。するとあなたはより長く、ゆっくり噛むようになります。食事の前に30秒のQEを忘れてしまいそうだったら、食事の支度をしながらQEをしてください。ユーフィーリングに気づいて、これから食べることを心に思い浮かべます。もしよかったらQE意図で、食べ物があらゆる方法であなたの心身を養い支えるようにするといいでしょう。

あなたが消化器官に何らかの症状を抱えているとしたら、いつでもＱＥをしてください。たとえば食後に胆嚢《たんのう》がよく働かず、むかつきや吐き気があれば、手軽で素晴らしいＱＥを試してみてください。きっと驚くでしょう。吐き気や胸やけや膨満感といった症状は、数分あるいは数秒でおさまるかもしれません。以前、食事をするたび胃が風船のように膨らんでしまうクライアントがいました。痛みとおならの症状があり、おかげで彼は外食を楽しむこともできませんでした。はじめてＱＥをしたとき、効果が現れるまでに数分かかりました。彼の膨らんだ胃は、最初はゆっくりでしたが、やがてフライパンの上のバターのようにみるみる溶けていったのです。腹部が小さくなるほど彼の笑顔は大きくなりました。おならも止まったので、私も笑顔になりました。それから彼はＱＥを学んで自分でできるようになり、症状は飛躍的に改善して精神状態もよくなりました。いまでは好きなときに外食に出かけ、料理と友情を楽しんでいます。

ＱＥは身体に深い癒しの休息を与えるばかりでなく、感情全体を調和させるように促します。心配や怒りのような感情は消化器官に悪影響を与えますが、ＱＥはそれらにバランスをもたらすのです。穏やかな心は、消化と吸収のために最も有効です。

ものを食べても、その食物に含まれる栄養素がそのまま細胞に吸収されるわけではありません。急いだり感情的に動揺した状態で食べると、栄養素は細胞まで届きにくくなるのです。ストレスを感じながら食事をすれば、胃潰瘍、便秘や下痢、胆嚢あるいは膵臓の問題、腸軸捻症、腸管の襞《ひだ》やくぼみの炎症（憩室炎）、その他多くの症状を引き起こします。

ふだん見落とされがちですが、食べることは全体的な健康と生産性のために欠かせない営みなのです。ふつう栄養は心身によいものと考えられています。しかし何をどのように食べ、それがどう消化吸収されるかは、社会的な交流にまで深い影響を与えるのです。食前か食事中か食後、もしくはそのすべてでＱＥをするよう、ぜひお勧めしたいと思います。それで失うものはちょっとした消化不良のほかには何もないでしょう。

テーブルについたら次のようにしてみてください。食事のあらゆる面で、そしてあなたの全体性や健康においても、きっと驚くような効果があるでしょう。

## ユーごはん

ユーフィーリングに気づきながら食事をすると、お腹も魂も満たされ、いつものありきたりの行為がとても楽しくなります。では、やってみましょう。

…………………

食事の前に、まずＱＥを30秒くらいします。あなたの意識にユーフィーリングの香りを漂わせましょう。それから食べ始めます。食べ物を注意深く観察しながら箸で口に運び、舌の上の感覚に意識を向けます。舌の上にのせたものはどんな味、どんな感触でしょうか。箸を下ろして、もう一度すばやくユーフィーリングに気づきます。ユーフィーリングは静かにあなたを待っていますから、ほんの数秒くらいでしょう。では噛み始めます。食べ物の味や匂いをよく感じてください。それぞれの匂いや味（しょっぱい、すっぱい、苦い、甘い、渋い、からいなど）を判別し、感じた瞬間にわかるかどうか気をつけてみてください。食べ物がほとんど液状になるまでよく噛み、それから飲み込みます。ユーフィーリングに気づき、舌の上に残っている味を感じます。

…………………………………

食事のあいだずっとこれを続けたいとは思わないかもしれませんが、ひと口でもこうすると、健康と食べる楽しみが格段に向上します。お勧めは、一度の食事で少なくとも3回はこの完全な〝ユーごはん〟をやってみることです。もちろん、食事中ずっとこのようにして食べれば、それはきわめて神聖な時間になるでしょう。

## 人のために役立てる

穏やかな人と食事をしていると、その場にいる皆がリラックスできます。けれども一緒に食事をする相手がまるで早食い競争のような勢いで食べ物をかき込み、しかも自分自身でQEをするほどオープンでないとすれば、そのときはあなたがQEをしましょう。QEはエネルギーワークではありませんが、QEをする人の周囲にポジティブで落ち着いたエネルギーを醸し出すのです。そのエネルギーはテーブルの向かいで荒っぽい食べ方をしている人にも届きます。その人は落ち着き、ふるまいも穏やかになるでしょう。それでもあまり反応しないようなら、立ち上がってテーブルの向かい側に行き、その人のひたいに手を当ててQEをしてください。すると一瞬でも食事の手を止めるでしょう。たぶん意味は伝わると思います。

ついでに言うと、あなたは純粋な気づきに気づくほど、より多くの平和を生み出すようになります。ただし平和が気づきのバロメーターになるとは思わないでください。それは違います。『バガヴァッド・ギーター』は人類が直面するあらゆる問題に答えた聖典ですが、そこではこう言われています。人の進化の度合いとは、外見やその存在に感じられる印象からは決して推し量れないものだと。しかしながら、食事の席における耐え難いほどのふるまいは、気づきの欠如を示す指標にはなるでしょう。

もちろん、誰かの食習慣を改善したり、症状を緩和するためにもQEは役に立ちます。どんなときもQEをする相手から許可をもらう必要はないことを覚えておいてください。それは単に、あなたは何もしないからです。ただ気づきに気づき、なりゆきを見守るだけです。あなたの意図がどんな形であれ誰かや何かの害になるとき、それは働きません。ですから、気になることがあれば何でも自由にQEをしてみてください。ほんとうにお勧めできます。

# 32章 空腹と過食

多くの先進国においては空腹や飢餓はきわめてまれです。しかしその深刻さは、気候変動、戦争、疫病や飢饉などにひけをとらず、最も裕福な国々でさえも生き延びるために必要な食料に事欠く人々がいます。QEのプロセスは空腹や飢餓に対しても、並外れた好影響をもたらすことができます。

もしあなたが空腹なら、自分にQEをしてください。空腹のうずきはまたたく間に和らぐか、あるいは消えるでしょう。これは食べ物への執着もすばやく解放するので、食べ過ぎてしまう人々にとっても助けになります。

QE意識は確かに食料の代わりにはなりませんが、代謝を大幅にスローダウンさせるのでカロリー消費量が減り、生命維持に必要な食物も少なくてすむようになります。空腹や飢餓状態のときにQEをする別の利点としては、物質世界での欲望を満たす効果もあります。QE意識は環境を調和させる影響力がとても強いのです。それは私たちの頭が生み出す直線的な考えをはるかにしのぐやり方で、思いがけない機会や、食べ物も含めた物質的資産を運んできます。QE意識にある人の必要性や願望のまわりには全宇宙の創造の力が集結するのです。

空腹のためのＱＥは３分から５分の短いセッションで充分です。静かに座るのがベストですが、仕事をしながら、あるいは会話や運転や運動の途中など、どんな状態でもできます。飢餓のためのＱＥは、身体にエネルギーを蓄え、生命維持に必要な供給源が確保されるよう、継続的になされる必要があります。上体を起こして行うのが望ましいですが、身体が弱っているときには横臥位でもＱＥは効果を発揮します。

# 33章　日中の元気回復

私たちは1日のなかで、コーヒーを飲んだり昼食をとったり、ときには同僚と井戸端会議をしたりして過酷な仕事に一息いれます。それは絶え間ない仕事のプレッシャーから心と身体をいっとき休ませてくれますが、QEによる元気回復にはとうてい及びません。仕事中のQEは、より深い休息をもたらすことが体験者たちによって報告されています。多忙な日中にときどきQEをすることはあなたにとって（あなたの雇用主にとっても）大いにプラスになるでしょう。思考は明晰で創造的になり、スタミナは増し、欠勤は減り、同僚にも友好的で親切になります。これには目を開けたやり方と、目を閉じたやり方があります。

日中の元気回復QEは、個室あるいは昼休みの車中のように人目につかない場所で、目を閉じて行うのがベストです。静かな場所を見つけたら、ただ目を閉じて、ユーフィーリングが挨拶してくるまで思考を観察します。そして10分ほど目を閉じたままQEを続けます。それだけです。

目を閉じる場所が見つからないときは、目を開けたまま静かに座り、何かを見つめてください。それからQEを行い、ユーフィーリングを楽しみます。つぎに別の何かを見つめ、ふたたびユーフィーリングに戻ります。部屋の中で目についたものを見て、そのつどユーフィーリングを感じるのです。これを10分間続けます。

もちろん仕事が休みの日でも、日中の元気回復QEは効果があります。試してください。きっとあなたも感激するでしょう。

34章

# コンピューターQE

私たちはいとも簡単にコンピューターという名の時間吸収スポンジにはまり込みます。多くの人が長時間モニター画面を見つめて過ごし、眼精疲労、関節や筋肉のこわばり、思考力の低下などを経験しています。そんなコンピューター作業にも、QEはぴったりです。

このようにしてください。肩や腕の力を抜き、背筋を伸ばして座ります。仕事の手をときどき休めてユーフィーリングを見つけます。そして、画面から出てくる言葉や映像があなたの目や心に流れ込んでくるイメージを持ちながら、仕事を続けます。

ふだん私たちはこれと逆のことをしています。前のめりになって画面を見つめるのです。その状態では、自分が身体から出てコンピューターの中に入りこんで仕事をしているような感じになります。QEをして、言葉や映像が自分に流れ込んでくるようにすると感覚が変わります。私たちが仕事をしているのでなく、仕事のほうがこちら側へやってくるように感じるでしょう。そうすると、リラックスした頭脳明晰なオペレーターがそこに現れます。そう、あなたです。

20分くらいごとに休憩をとり、目を閉じて何分かQEをするのを忘れないでください。

# 35章 眠りにつく

さて、1日が終わろうとしています。あなたの気づきを蘇らせ、ユーフィーリングの慈しみというご褒美を自分にあげる機会です。この簡単なエクササイズによって、日中ため込んだストレスを解き放ち、夜間の良質な睡眠に入る準備ができます。

眠りにつく前に布団の上に座り、楽にして注意深く思考を眺めます。ユーフィーリングはすぐにやってきて、あなたを包み込もうとするでしょう。穏やかなユーフィーリングの気づきのなかに座りながら、その日あったことをゆっくり振り返ります。その日の体験が映画のように心のスクリーンを流れていくのを見てください。思考が途切れたら、またユーフィーリングに気づきます。思考とユーフィーリング、ユーフィーリングと思考。晴れた空に浮かぶ雲のように心に流れていきます。

これを5分から10分行い、布団に入って深い安らかな眠りにつきます……おやすみなさい。

# 36章
# 会話

会話をするのはたいてい何らかの情報を伝えるためですが、話すことのもっと深い価値とは、言葉の奥で自分が誰なのかを伝え合うことです。思考、感情、好き嫌い、希望、恐れ……ありとあらゆるものの下に、私たちの基盤となる本質があります。

あなたはもう、自分が誰なのか知っていますね。あなたの真の本質はユーフィーリングです。いつもの一般的な会話は表面的で、そこにユーフィーリングの気づきはありません。でもユーフィーリングに気づきながら人と話すと、深い意味と愛が息づき、その会話は全体的で充足感のあるものになります。コミュニケーションを深めるやり方をお知らせしましょう。

誰かに挨拶するときや話しかけるとき、ユーフィーリングに気づいてください。そして会話しながら注意深く自分を観察していると、心が相手の何かを記録していたり、相手の言葉やどんな人間かについて判断していたりするでしょう。まさにそのときがユーフィーリングに気づく完璧なタイミングです。そのつど、会話のなかでユーフィーリングを見つけてください。もし相手を居心地悪くさせないようなら、ユーフィーリングに気づきながら目を合わせましょう。こうすることで、あなたはリラックスして優しい気持ちになれます。あなたのまわりにいる人たちにも安心と信頼感が生まれます。ほとんどの場合、そこを去るときにはすべての人が前よりも満たされているでしょう。

# 37章
# 歩く

歩くことはいたって自動的な行為で、私たちが歩きながらそれに注意を払うことはほとんどありません。QEウォーキングは、歩くという離れ技に優雅さと流れをもたらします。どのように歩くのか説明しましょう。

まず両足に均等に体重をかけ、リラックスしてまっすぐに立ち、両腕を真横に下ろします。大きく深く息を吸い込んでから、息を吐き出すとともに心がそっとユーフィーリングに気づくようにしてください。必要なら目を閉じて、ユーフィーリングが現れるまで丁寧に思考を観察します。さあ、これでQEウォーキングの準備ができました。

はじめの一歩を踏み出す前に、自分は宇宙の不動の中心だとイメージします。あなたが世界の中を歩いていくのではなく、世界のほうがあなたに近づいてくると思ってください。実際にあなたが歩き始めると、植物や人々や建物があなたのほうへやってくるように見えるでしょう。あなたの心の中では、動いているのはまわりのほうで、あなたはじっとしているのです。足が自然と上がって地面に降りるあいだ、あなたの視野に何かがやってきてはゆっくりと過ぎていきます。

ここで大事なことがあります。何かが視野に入ったとき、それが〝無〟からやってくると思ってください。あなたが見るまで、それは存在していなかったかのように。そしてあなたの視野を通り過ぎると、無へと溶けていくのを見ます。あなたがその無に細心の注意を向けるとき、ユーフィーリングがあなたに微笑み返すのがわかるでしょう。

ＱＥウォーキングはいつでもできます。家でも会社でも、郊外でも混雑した街の通りでも。すぐにあなたはこの歩き方がとても簡単だとわかり、こうして歩いていると楽しさと喜びがあふれ出し、気づきが生き生きとしてくるのを感じるでしょう。

38章

# スペース・ウォーキング

歩くことは身体の元気回復にぴったりです。心臓の鼓動が血液を循環させ、エネルギーに満ちた酸素を細胞組織に送って、身体的・精神的不調和を引き起こす毒素を取り除きます。ほとんどの人が気づいていないのは、歩くことはもうひとつの心臓《ハート》、すなわち魂とかスピリットと呼ばれるものにとっても素晴らしい運動になるということです。私はこれを〝スペース・ウォーキング〟と呼んでいます。それは公園を散歩する従来のウォーキングより、はるかに大きな恩恵があるのです。説明しましょう。

スペース・ウォーキングは、通りすがりの人の目には片足ずつ交互に前に出して歩くありふれた歩行に見えます。けれどもその人の内側では、すずめのさえずり、草を揺らす風、ありとあらゆる自然界の鼓動が完璧なハーモニーを奏で、地球のシンフォニーが鳴り響いているのです。夢物語だと思いますか？　とんでもありません。スペース・ウォーキングは誰でもでき、やり方さえわかればとても簡単です。

1日をいつも通りに過ごしていると、私たちの感覚はものごとに関わり続け、心は思考でくたくたに疲弊してしまいます。部屋に入れば、そこにあるものに目がいきます。テーブルの上にはコーヒーカップ、その横にはソファがあり、ソファにはティリーおばさんが気持ちよさそうに昼寝をしています。ところが、その部屋のほとんどを占めているのにまず気づかれないものがあります。そうです――シンプルで、すべてを包み込むスペースです。

輪郭を持った物体のかわりに空間に注意を向けると、まさに魔法のようなことが起こり始めます。心はゆっくりになり、身体はリラックスしてきます。そして世界は最も美しく素晴らしい姿を現すのです。スペースを意識するだけで、人生は永遠に、しかも信じられないくらい豊かになります。なぜでしょうか。

聖人も科学者も、あらゆるものは無から生じると述べています。無に気づくとき、いうなれば私たちは生まれた場所へと戻るのです。故郷へ帰ることは身体と魂に滋養を与えてくれます。いい感じがして――もうすぐわかりますが――それは私たちにとってとても望ましいことなのです。

スペースはじつは無ではなく、単に物体と物体のあいだの何もない隙間のことです。そこには空気、電波、匂い、イエダニ、水蒸気などが含まれていますが、心にとってスペースとは〝無〟を意味するので、それを至福と調和の入り口にすることができるのです。

では靴の紐を結び、スペース・ウォーキングをやってみましょう。

気持ちのいい環境でゆっくりと歩き始めます。歩きながら、鳥や車や植物ではなく、それらのあいだにあるスペースに気づくようにします。木と木のあいだ、枝と枝のあいだの空間を見、葉と葉のあいだに隙間を見つけます。雲を見るのでなく、雲と雲の合間の広がりを見ます。ふたつの物が見えるところどこでも、そのあいだにあるスペースに注目してみましょう。

音を使ってスペースを見つけることもできます。地面に当たる自分の足音を聞き、次の一歩が聞こえるまでの静けさ、つまり隙間を見つけます。あるいは遠くで鳴っているサイレンの音を聞きます。サイレンの余韻が静かな空間に吸い込まれてしまうまで、じっと耳を澄ませてください。スペースはどこにでもあります。ただそれに気づくだけでスペース・ウォーキングになるのです。

わかりますか？ 素晴らしい。では、最終ステップに進む準備ができました。これはスペース・ウォーキングで最も肝心なところです。スペースを見つけたら、それを識別された対象物のようには見ないことです。スペースを単に対象として捉えると、心はすぐに飽きてしまうでしょう。心は魅了されるようなシーンや、興味津々にのめり込めるような問題が大好きですが、空間はそのどちらでもないからです。

コツをお教えしましょう。あなたの魂を発見し、ハートを満たす魔法です。スペースを見つけたら、濃い霧の奥をじっと透かし見るようにして、何が現れてくるか待つのです。空間の深さと広がりをよく見てください。見えるものだけでなく感じるものにも注意を払います。そうです。物のあいだの空間にユーフィーリングを見つけるのです。そうするとハートがとろけそうになるでしょう。

まずはスペースを観察することから始めるとやりやすいと思います。やがて心が純粋な気づきに浸るようになるにつれ、空間も物質も変わりなく我が家のように感じられてきます。

スペース・ウォーキングはゆっくりから開始し、空間の静けさを保てるようになったら、だんだん活発に歩き始めてください。たいていの人はスペース・ウォーキングをする前にQEをします。そうすると、心は思考のあいだの空間を思い出しやすくなるからです。そして、そこから物のあいだにスペースを見つけたり感じたりするまではあと一歩です。

スペース・ウォーキングをどんな活動に応用できるか考えてみてください。スペース・ワーキング、スペース・クッキング、スペース歯みがきもできますね。楽しんで、できるだけ頻繁にやってみましょう。そのうちごく自然にできるようになります。あなたはしょっちゅう感激の涙をこらえることになるかもしれません。

## スペース・ウォーキングを一緒に楽しむ

誰かと出かけて、一緒にスペース・ウォーキングをしながら教えることもできます。はじめに静かにすることを確認し、おしゃべりは最小限にします。家でQEセッションをしてから外へ出てもいいでしょう。もし本当に楽しみたければ、グループでスペース・ウォーキングに出かけてみましょう。グループのほうが純粋な気づきに気づきやすいのです。グループでおしゃべりをしないのは至難の業ですから、沈黙の時間を決めておき、そのあと短い意見交換の時間を設けるようにします。人数は3人から8人くらいがちょうどよく、それより多い場合はグループを分けてください。

これは子どもにとって特に価値があります。子どもたちのグループを連れて行くなら、体験していることをその場で話してもらいましょう。意見交換の時間まで待たせる必要はありません。子どもたちは自然に空間へと入ってしまい、スペース・ウォーキングの楽しさをあなたに教えてくれるかもしれません。

# 39章 静寂を聞く

聴覚はつねに全方位に働いている唯一の感覚です。そのため、最も重要な感覚だとも言われます。私たちは四六時中、聴覚を通して環境と接しています。深く眠っているときに子どもの泣き声や不審な物音で目を覚ますこともあります。音にはふたつの側面があります。聴覚を刺激する「振動」と、「静寂」です。私たちの心はもっぱら音（の振動）のみに集中し、静寂の美と恩恵を聞き逃してしまいます。静寂に耳を澄ますと人生は安定性と活力で満たされ、耳ざわりな騒音の中でさえ穏やかな平和を見いだすことができます。次のシンプルな体験を日課にすれば、人生は深く豊かになるでしょう。

長く尾を引く音、たとえば鐘の音、列車の汽笛、サイレンなどを聞いたとき、最後に余韻が消える瞬間まで耳を傾けてください。音が消えたとたん、静寂があります。その静寂だけをじっと注意深く聞いていると、いい感じ――ユーフィーリング――があなたを待っていたことに気づくでしょう。

音楽を聞くときは、音と音のあいだの静寂にそっと気づきを向けてください。静寂から静寂へ、音は背景に消えてゆきます。やがてあなたの胸のなかで平和と調和が歌い始め、その音楽全体の奥行きに感銘を受けるでしょう。

歩いているときは、足が地面に触れる音に気づきましょう。そして足音と足音のあいだの静寂に注目します。その静寂によく耳を澄ませて、どんな感じがするかに気づいてください。ほうらこのとおり、ユーフィーリングです！

# 40章 ユーフィーリングを嗅ぐ

嗅覚はずいぶん過小評価されてきました。実のところ、嗅覚は気分やモチベーションにとても大きく影響するのです。いい匂いは頭をすっきりさせ、気分を軽くし、うっとりするような感覚にしてくれます。嗅覚は一種の陶酔感さえもたらし、ユーフィーリングにも直結します。

あなたの好きな香りや匂いを見つけてください。コーヒー、チョコレート、花、なんでもけっこうです。その匂いをゆっくり鼻の奥まで吸い込み、独特の風味やかぐわしさを感じてみましょう。吸い込んだあと、匂いが弱まって消えるまで少し息を止めます。匂いが消えるとすぐ、匂いのあいだに〝無臭〟の隙間が現れます。この隙間にそっと気づき、どんな感じがするか注意を払ってみてください。もちろん、あなたはそこで待っていたユーフィーリングに再会するでしょう。ユーフィーリングに気づいたまま、静かに息を吐きます。

1日のなかで感じるさまざまな匂いについて、これを習慣にしてください。不快な匂いのネガティブな影響を減らすこともできます。これは楽しくて効力のある、内なる平和と外なる気づきの方法です。さっそく鼻をかみ、匂いを嗅いでみましょう。

# 41章
# 気分観察

　1日を通してときどき自分の感情を観察していると、より柔軟でリラックスした、穏やかなあなたになっていけます。QEの〝気分観察〟は不毛な感情を消し去り、本来の協力的で創造的な感情に戻していく強力なツールです。はじめのうちはタイマーや付箋を使って、自分がどんな感情を体験しているか忘れずにチェックする必要があるでしょう。でもしばらくすると、ごく自然に習慣になっていきます。QEの気分観察はこんなふうにします。

　いつもの活動をしながら、自分がどう感じているのかに気づきます。うんざりしている、イライラしている、むかついている、心配している、あるいは満たされていたり幸せだったり、わくわくしているなど。何を感じているかをただ識別し、それからその感情や感覚がどうなっていくのか観察してください。注目すべきは、すべての感情や感覚の根源にはユーフィーリングがあることです。ですからどんな感情でも感覚でも、静かに観察していると、すばやくユーフィーリングにたどり着くでしょう。

　とても強い感情を経験している最中にはその感情にすっぽり呑み込まれています。その場合に必要なのは、ただそれが少し弱まるのを待つことです。それから、その感情が静かでつねに確かなユーフィーリングへと溶けていくまで無心に見守ります。自分がネガティブな状態のとき、感じていることを変えようとしないでください。それはあなたの仕事ではありません。ユーフィーリングにやってもらいましょう。あなたはそのネガティブな感情に対して何もすべきことはなく、ただ見つめるだけです。そうすると不思議なことにユーフィーリングが輝き始め、あなたの１日を明るく照らしてくれます。

# 42章 創造的になる

アイデアがどこからやってくるかわかりますか？　ヒントをひとつ。アイデアとは思考ですね？　そして思考は……そう、純粋な気づきからやってきます。すなわち、アイデアは純粋な気づきからやってくるのです。アイデアとは創造がひとつの形をとったものであり、ゆえにすべての創造の根源から生じています。そのため創造的になりたいと思えば、純粋な気づきに近いほどいい、ということになります。

前にお話しした原理を簡単に振り返ってみましょう。無活動（休息）は、活動のための踏切り板です。この原理はつねにあらゆるところで働いていますが、私たちがふだん注目するのは活動の部分だけです。私たちは眠り、そして活動します。心臓は一瞬の停止のあとに脈打ち、目はまばたきして開き、息を吸うときと吐くときのあいだには一瞬の休止があります。大地は冬に休息します。膨張し続ける宇宙はいつの日にか逆転して収縮に向かい、完璧で究極的な気づきに還るのではないかと私は考えています。

休息と活動の原理は次のことを示しています。休息が深くなるほど、活動はダイナミックになるということです。いちばん端的な例は睡眠です。睡眠が浅くて充分な休息が得られないと、翌日に最高のパフォーマンスは期待できません。この原理は、ある方向に作用させたいときはまずその反対の方向から始めなければならない、という意味にも解釈できます。ふつう私たちは人生をそのようには見ていませんが、単純に調べてみればその通りだとわかります。

たとえば、あなたがいま座っている椅子から立ち上がろうとしたら、まず最初にすることは何でしょうか。立ち上がるために両手や両足を下に押しつけるのではありませんか？ 高層ビルを建てたければ、はじめに穴を掘る必要があります。釘を打つときはまず、かなづちを反対の方向へ振り上げなくてはなりません。的《まと》に向かって矢を射るときは、いったん弓を後ろに引かなければなりません。

建てようとするビルが高いほど、釘を深く打とうとするほど、矢を遠くへ飛ばそうとするほど、より深く穴を掘り、より高くかなづちを振り上げ、もっと後ろまで弓を引く必要があるのです。20階建てビルの土台が地下3メートルしかなかったら、どうなるか想像できますね？

純粋な気づきは最も深い休息の状態です。そのため、純粋な気づきの意識は最もダイナミックな活動をもたらします。純粋な気づきは、あらゆる活動と逆の方向にあります。思い出してください、純粋な気づきは無活動ですから、どんな活動よりもつねに静かなのです。純粋な気づきに気づくと、最も深い休息と、最もダイナミックな活動がもたらされることになります。

こうしたすべては明白で直感的にわかることですが、創造性の話になると、私たちはこの原理をすっかり忘れてしまいがちです。私たちの心は、たえずせわしなくシュッシュッと音を立てて走り続ける蒸気機関車のようです。やがて命つきて生まれ故郷の気づきの大海へと帰るその日まで、来る日も来る日も、毎年毎年、次から次へと煙のように思考を吐き出し続けています。一生のあいだ、純粋な気づきとそれが創造性に果たす役割については、ほとんど注意も敬意も払いません。それなしではいかなる創造も創造性もあり得ないというのに。

私たちが創造的になることも、矢を射るのと同じなのです。矢を射るときには弓をめいっぱい後ろへと、矢が静止するまで引きます。この時点で矢に動きはありませんが、秘めている可能性は最大になります。では、矢を的に命中させるには何をすべきでしょうか？　狙いを定め、力を解き放つだけです。弓が充分に引かれ、静止し、正しく狙いが定まっていれば、あらゆる物理的な力が結集して矢が正確に的の中心めがけて飛ぶよう後押ししてくれます。

創造的なアイデアが力を発揮するのは、充分に引かれて純粋な気づきに静止している意識からです。混乱した心の意識ではほんのわずかしか引けず、その結果、思考も活動も弱々しいものになってしまいます。たいていの無分別で理不尽で粗雑な考えがどんな結末を招くかは、遠くを見るまでもありません。混沌とした心による活動は、弓を数センチしか引かずに矢を射るようなものです。矢は無力な射手の足もとに弱々しくぽとんと落ちます。

ここまで話してきた創造的な思考の力と、結実をみるにはまず反対側に引かなければならないということはまったくその通りですが、ではそこに実用的な価値はあるのでしょうか？　もちろんですとも。私たちが純粋な気づきに気づくと、より創造的になり、もっと楽に創造の流れを呼び込むことができます。ありがたいことに、私たちはすでにそのやり方を知っています。それにちょっとひと工夫してみましょう。どうすればもっと創造性に満ちた人生になるのか、詳しく見ていきます。

## 創造性の種を植える

これはとても短いプロセスですから、まばたきしないでください……でも楽に座って、目を閉じてかまいません。QEを始める前に、いまあなたが創造性に関して直面している状況を思い起こしてください。たとえば文章を書いていて行き詰まってしまった、カンバスに塗る色が決まらない、作曲していて次のフレーズが思い浮かばないなど、あなたがお手上げだと思っていることについて心を自由に走らせましょう。自分がどこでつまずいているのか明確に見えたら、それを手放します。

…………………

では座ってQEを行います。考えが研ぎ澄まされていき、ついには消えてユーフィーリングに変わるのを見守ってください。ユーフィーリングを観察し続けていると、それが全体に広がります。いまやすっかりユーフィーリングに包まれて、創造したいものを思います。単なるひとつのシンプルな意図、イメージ、アイデアだけ――たとえば「曲が完成する」「色彩にあふれたカンバス」など――です。そして一歩下がって、何が起こるか見てください。一度で充分です。純粋な気づきの澄んだ水を濁らせないように。必要なのは〈自己〉の完全な気づきと、ただひとつの精妙な意図だけです。それから見て、待ちます。

すると次のいずれかが起こるでしょう。すぐさま答えが現れて問題が片付くか、さもなければ何も起きないように見えるかです。答えをすぐに受け取らなかったら、あなたさえよければもう少しその全体性のなかに留まっていましょう。

創造は苦しみから生まれると信じている人もいますが、それは〈自己〉の全体性のなかでこそ花開くのです。もしあなたが片耳を切り落とす決心をするとしたら、少なくとも救急車で運ばれているあいだにQEをしてください。

創造性は〈自己〉から流れ出します。あなたの〈自己〉を知るために時間をとってください。創造性を高めるには、延長QEを行うとさらにもっと効果があります。5分、10分、20分でもかまいません。時間を延長しても意図を繰り返す必要はありませんが、心が別のさまざまな角度から問題を見直しているのに気づくかもしれません。この見直しを自分でしようとはしないでください。起こるがままにします。干渉せず、ただ見守るのです。解決策はあとからゆっくりやってくることもありますが、たいていの場合、思いもかけないときに思いもよらない形で、直感がひらめくように一瞬で現れるでしょう。

　創造性が即座にやってこないときは、純粋な気づきの海に落ちた思いの種がまだユーフィーリングを漂いながら発芽している途中だということです。まわりに創造の力を集め、構成しているところなのです。答えはやってきます。あなたはユーフィーリングとともに過ごし、待って見守るだけです。セッション中に来なければ、休憩をとり、また別の機会にやってみてください。

　これは確実に創造性を活性化させる方法ですが、最初のうちは時間がかかるかもしれません。というのも、心が何かことを起こそうとしてしまうからです。答えはやってくると私は請け合いますが、それは決して予期したような形ではないでしょう。ですから気を楽にして、ゆっくり過ごしてください。もし答えが予期した通りだったら、あなたは何も創造していないことになります。違いますか？　いったん気づきの豊かな土壌に種を蒔いたら、あとはそっとしておきましょう。自分の意図を何度も確認するのは、毎日土を掘り起こして発芽しているかどうか確かめるようなものです。しょっちゅう邪魔していたら種は育ちません。のんびりくつろいで、至福の海の上でその日を楽しんでください。

　創造性はいつやってくるでしょうか。ときにはすぐさま光の束のように、ときにはその日か後日になってやってきます。あなたが答えを探さないで楽にいられるようになると、ほとんど即座にやってくるでしょう。

## 創造性の種を植えるタイミング

忙しい心は一日中いつも種を蒔いています。願望という種です。私たちの心の中のおしゃべりをじっくり聞いてみると、批判や願望にあふれているのがわかるでしょう。心の表層意識レベルでは、何が欲しいか、どうすれば手に入るかに多くの思考が向けられています。そのレベルでは純粋な気づきの意識から切り離され、外に向かって物や人、出来事や概念に充足を求めようとするからです。しかしこの意識のレベルでどれだけ強く望んでも、その力は弱々しく、願望は達成されないでしょう。さもなければ、とてつもない努力と意志の力で達成するしかありません。

純粋な気づきに根を下ろしている心は、全体のためになること以外ほとんど願望を持ちません。実際、〝願望〟という言葉すら強すぎ、これらの衝動はむしろ〝好み〟と言ったほうがいいくらいです。「あの赤いスポーツカーがすごく欲しい」と感じるよりも、ただ「いいね」と思い、自分で所有しなくても楽しめるのです。これなら車を買うお金もガソリン代も保険料もかかりませんね。忙しい心が抱くたくさんの強い願望は、混沌とした心の活動の波間にすべり落ちて純粋な気づきの深みにやすらぐだけで満たされてしまいます。

絵画や音楽、執筆やダンスのような芸術活動に親しんでいる人なら、〝ゾーン〟に入ったことがあるでしょう。創造の流れが滞って苦しんでいるときにはQEが助けになります。その状態はスランプと呼ばれますが、私は文章を書いていて一度も経験したことがありません。どう伝えればいいか言い回しに悩んだり、単に書く気がしなかったりすることはあります。でも座ると書けます。なぜかって？　私はユーフィーリングを通して純粋な気づきから流れてくるままを〝自分〟に記録させているだけだからです。もしあなたがスランプに陥っていたら、QEを毎日ひんぱんにやってみてください。そしていつもより活動的になってください。散歩やダンスをして、それから静かに座ってQEをします。あなたの創造力があふれ出てきて、きっとびっくりするでしょう。あふれた創造力を拭き取るペーパータオルが必要になるかもしれません。

あなたが数学や工学の難問につき当たっていても、創造性のメカニズムは同じです。問題の詳細をよく調べたら、それをユーフィーリングの静かな秩序に任せるのです。科学や技術の歴史を見ると、白昼夢の中や眠りに落ちるときに答えを得たという話がよく出てきます。たとえばベンゼン環の発見者、フリードリヒ・アウグスト・ケクレです。彼はその分子構造を解明するために何か月も取り組んでいましたが、ついに力尽き、疲れ果てて居間の暖炉の前にある椅子に座り込んでしまいました。努力の重圧から解放され、パチパチとはぜる薪からゆっくり舞い上がる炎を眺めていると、その静寂のなかで答えがやってきたのです。まるで蛇が自分の尾を呑み込むように炎がくるりと丸くなるのを見て、ケクレはひらめきました。「そうか！　ベンゼンは環なのだ」と。そして事実、その通りだったのです。

答えが形となってケクレの無心の意識に這い上ってきたのは、心が整然とした静寂に落ち着いているときでした。彼は幸運にも、その状態で暖炉の炎の前に座っていたのです。でもあなたはもっと幸運です。QEがあるからです。あなたが純粋な気づきを訪れ、ユーフィーリングの全体性を漂っているあいだに、生命の力が言いつけ通りにせっせと働いてくれるのです。

ですから覚えていてください。どんな手ごわい問題にぶつかったときも、その問題を見直して、それからQEをします。ユーフィーリングに気づきながら、解決策がやってくるのをそっと意図し、その全体性のなかで答えが現れるのを無心に待ちましょう。

## スランプに陥っている人に手をさしのべる

誰かが創造の危機に直面していたら、あなたが手を貸すこともできます。その人に成し遂げたいことを考えてもらい、それからあなたがQEをします。最もいいのはたぶん延長遠隔QEセッションですが、それは個人的な状況によります。遠隔でもそうでなくても、延長QEはおそらく創造の自由な流れを取り戻すのに一番の早道でしょう。あなた自身の創造性が広がるのも感じられるはずです。

43章

# 対人関係の不調和とQE

同じ人間はふたりといません。同じ目で世界を見ている人間はふたりといないのです。一卵性双生児であっても、別の視座から世界を見、異なった知的・感情的才能を持ち、身体能力や健康状態も違うし、将来の希望や夢もそれぞれ異なります。この〝違い〟が、一人ひとりを区別しているのです。私たちをひとつにするのは人々の内にある〝同じ〟ものです。その最も精妙な具現であるユーフィーリングは、すべての人にとって同じです。ユーフィーリングに気づくことは、人々、家族、国々を結びつけるように促すのです。

他の人々に不調和の原因があるとみなしているとき、理解してください――不調和はあなたの内側からやってくるのであり、他者の言動からではないということを。誰かが間違ったことをしたからといって、あなたがそれにネガティブな反応をしても事態が好転することはありません。俗に言うように「間違いに間違いを重ねても正解にはならない」のです。QEは人に対するネガティブな思いをきれいに一掃することができます。このようにします。

楽にして、他者の不愉快な言動を思い出します（5秒から10秒）。つぎにその言動に対する自分の反応に気づきます（10秒から15秒）。それからユーフィーリングに気づき、1分から2分その感覚を楽しみます。ユーフィーリングにやすらぎながら、心を相手の不愉快な言動に向けます。映像を振り返り、あなたがそれにどう反応したかを見ます。ユーフィーリングに気づいたまま、相手の言動と自分の反応に交互に心を向けてください。自分が断罪したりさらなる不調和な考えを生み出したりしていても、それは単にその言動への別の反応にすぎません。ユーフィーリングの気づきにやすらいでいるあいだに心に浮かぶものを、何でもまったく無心に見守ります。これを2分から3分続けます。

対人関係の不調和を鎮めるためには、いつQEを使えばいいのでしょうか？　いつでもです。電車やバスの中でのいざこざ、上司や同僚との対立、あるいは子育て、ご近所の騒音問題、これは特に感情的になってしまいそうですが選出された公職者に意見するとき、などなど。

ユーフィーリングに気づかないとき、私たちは自分と人との違いに目がいきます。これは不和を生じさせる知覚であり、ユーフィーリングの気づきによって癒されます。不調和と戦う道具としてユーフィーリングを使うのではありません。何のためにも使いません。「何かしなければ」という思考がないユーフィーリングにただ気づくことは、ばらばらに断片化された私たちの社会の傷に包帯を巻きます。

44章

# 運動能力を高める

アスリートたちが身体で成しうることには大いに感服させられます。私自身、人生でずっとスポーツをしてきましたし、自分がどこまでできるか挑戦するときの感覚が大好きです。練習で技術を磨くのも好きですし、それが試合で自然にいかんなく発揮できたときも嬉しいものです。アスリートは高度な心理戦にも耐え抜かなければなりません。鍛え上げられた見事な肉体が損傷を負ったときの精神的苦痛がどれほどかも、よくわかります。事実、アスリートのスランプのほとんどは身体的なものというより精神的なものなのです。QEは精神的・感情的問題および身体的問題の両方をうまくカバーしてくれます。そしてもちろん、まったく健康なアスリートにとってもQEは計り知れない価値をもたらします。

## 〈自己〉を運転席に座らせる

運動能力を高めるとはどういう意味でしょうか。それは身体と心の協調性を高めるということです。では身体と心の協調性とは何でしょう。それに第一、どうして私たちには身体がなければならないのでしょう。ばかげた質問でしょうか？　考えてみましょう。

現代人の多くはあまり肉体的な挑戦のない世界で暮らしています。生きていくために山を登ったり、罠をしかけたり、槍を投げたりする必要はありませんね。私たちは生存するための運動能力のほとんどを若い頃に身につけ、あとは惰力走行のように人生を過ごします。けれどもアスリートたちはあえて負荷をかけることを選び、みずからの肉体を追い込んで美しく整備された精密機器のように磨き上げるのです。

運動は心の中で始まります。心はすべての思考の器です。私たちは五感を通して外界を捉え、その感覚の印象は心に入って処理されます。そして私たちが何かしら必要な行動をとることを決めると、身体はその行動を実現するべく反応します。もちろんこれは大幅に単純化した説明ですが、言いたいことは伝わるでしょう。

心が運転手で、身体が車だと思ってみてください。身体は意識の乗り物です。身体に乗って動き回ることで、意識は五感を通して体験することができ、自分がいる世界の相対的な知識を増やしていきます。意識がエゴに突き動かされているときは、恐れが原動力となり、安心してドライブを楽しめません。まるで周囲すべての車があなたをめがけて突進してくると感じながら運転しているようなものです。けれども〈自己〉が運転席に座っているとき、身体と心はリラックスして自然に反応します。これが運動能力なのです。〈自己〉に落ち着いているアスリートはリラックスしており、自然に肉体が反応します。〈自己〉を軸にしているアスリートが競技を振り返ってこんなふうに言うのを聞いたことがあるでしょう。「ゾーンに入っていました。身体がすごく軽く動いて、私はとても冷静でした」

〈自己〉に気づいているとき、アスリートの動きはなめらかで自由で流れるようです。怪我をすることもまずありません。そしてしばしば自分の身体が自動操縦で動いているかのように感じるのです。〈自己〉に気づいているプレーは無理がなくて楽しい、人生の大いなる喜びです。

多くのアスリートが誤った理由でプロの道を選びます。好きなことをしてお金を稼げるチャンスだと考えるのです。しかし競技場の外で〈自己〉の気づきを培っていないと、どうしても名声や富にこだわることになり、プレーする喜びはほどなく失われていきます。華やかに輝いて、そして燃え尽きます。やわらかな〈自己〉の代わりに手に入るのは、鋭角で直線的な地獄のような苦難の人生です。こうした局面で、QEはハートに感じる喜びを保ちながらバランスをもたらし、個人の生活とプロのアスリートとしての生活を調和させます。

次にあげるのは、そんなアスリートの話です。ユリアンはプロテニスという激しい競争と重圧の世界で、テニスへの情熱と人生の豊かな喜びをともに謳歌していました。彼はドイツ出身で、35歳以上のリーグに所属しています。ところがあるとき、すべてが脅威にさらされました。厳しい状況下で疲労困憊して試合に出場したところ、ひざを負傷してしまったのです。以下はユリアン本人の言葉です。

私は35歳以上のリーグでプレーするプロのテニス選手です。その年の終わり、私は燃え尽きてひどく疲れていました。テニスでひざを傷めたのはその頃でした。靭帯を損傷し、足を地面につけることさえできませんでした。氷で冷やして抗炎症薬を飲みましたが、1週間してもよくならず、医者はMRI検査をしようと言いました。キンズロー先生に会ったのはその週です。ひざに5分くらいQEをしてもらうと、即座に少しよくなったのを感じました。さらにセッションをお願いすると、自分でもできると言うのです。私は彼の『瞬間ヒーリングの秘密』を読んで、自分のひざにQEをし始めました。

ひざに働きかけてわずか2日後、私はユーフィーリングを体験しました。QEをするたび、ひざは快方に向かいました。ひざが自分で治っていくのです。毎日QEを行い、40日後には痛みがすっかり消えていました。いまではトーナメントに参加して勝利をおさめ、ひざには何の問題もありません。

でも、ひざに取り組んだおかげでもっと大きな恩恵がありました。QEをどう使えばいいか学んでから、人生のあらゆる部分がよくなったのです。必要なときはいつでも瞬時に落ち着きを感じられます。私はプロのアスリートですから、ベストコンディションを引き出すために内面の静けさと落ち着きがとても重要なのです。QEを使い始めてからほとんど毎日、その流れが感じられます。そしてこの夏、かつて経験したことのない、なめらかな流れを感じ始めています。トーナメントに出場しているあいだ、信じられないほどの冷静さと強さを感じ、プレー中に新たな高みへと導かれたのです……それは私の内側にとてつもない喜びをもたらしてくれました。

ユリアンはQEでひざの損傷を克服しただけでなく、〈自己〉に気づいているときの喜びはコートの外でも感じられるのを悟ったのです。そして〈自己〉に気づき続けていくと、QEによって競技力が驚異的に向上することも発見しました。2007年と2008年、彼はヨーロッパチャンピオンになり、2008年にはその世代のリーグで世界ランキング1位の選手を破りました。

ユリアンは、私がすべてのアスリートに描く夢を実現しています。つまり、競技場の内でも外でも〈自己〉を癒したのです。でも私の夢はそれにとどまりません。アスリートだけでなく、コンピューター技師も会社役員も店員も、誰もがみなQEを人生に統合すれば、人間としての悪戦苦闘から抜け出し、おのずと自由になって好きなことができるようになるでしょう。

# 45章 身体的ストレスとQE

災害時など、並外れた体力や持久力が必要になることがあるかもしれません。たとえば崩壊した建物の瓦礫を片付けるのを手伝ったり、わずかな食料と水のみで長い距離を歩いたりすることは身体に大きな負担となるでしょう。QEのプロセスは、ごく短時間でとても深いレベルの休息をもたらします。ご承知の通り、休息は万能の癒しです。休息が深いほど、癒しも深くなります。QEは睡眠以上の深い休息を身体に提供します（QEは睡眠よりも深い休息を身体にもたらしますが、睡眠の代わりにはなりません）。

QEの特筆すべき点は、癒しの休息をとるために目下の活動を中断しなくてもいいことです。QEのプロセスは活動しながらできるし、ストレスを受けたり損傷を負った直後に身体の癒しを助けることもできます。そのあとゆっくり休息の時間がとれたら、さらに深い癒しのためにQEをしてください。運動機能の損傷に対するQEは文句なしに価値があります。QEはすばやく効いて無害です。QEが痛みを与えることはなく、損傷した組織をさらに傷つけることもありません。完璧なのです。

## エネルギーと耐久力を上げるには次のようにします。

大きな石やバーベルを持ち上げるなど、瞬発的にエネルギーを集中させる必要があるとき、身体を動かしながらどの筋肉が収縮しているのかに気づいてください。負荷に対して筋肉を動かしながら、ユーフィーリングに気づきます。そのとき、ユーフィーリングと収縮している筋肉の両方を同時に感じるかもしれません。それは「リラックスした収縮」とでもいうべき特異な状態で、筋肉は力が抜けているのに高度に収縮した状態を保っているのです。このときあなたは内なる平和にも気づいているでしょう。あたかも身体の激しい活動を、心がゆったりとソファにくつろいで見守っているような感じです。

長距離の走行や歩行など、長時間にわたって継続的にエネルギーを使うときは、思い出すたびにQEをしましょう。心の中だけでなく、身体や、周囲の空間や物に宿るユーフィーリングにも気づいてください。QEは単調さと継続運動による悪影響を大幅に軽減させます。

# 46章 応急手当

QEは資格を持つ専門家による医療行為の代わりにはならないことを、ここでもう一度言っておきましょう。しかしQEはいつでも従来の救急処置の効果を支えたり、早めるために用いることができます。

QEそのものはヒーリング・テクニックではありませんが、突発的な痛みや怪我を迅速に癒すのにとても役に立つことが実証されています。捻挫や筋違い、椎間板ヘルニア、頭痛、めまい、心的外傷によるショック、また感情の混乱や、うつ、喪失感による落ち込みにもめざましい効果があるのを私たちは見てきました。損傷や症状がどんなものであれ、危険な状態を脱するまでは、適切な医療処置とともにQEを速やかに継続的に用いるようにします。傷が癒えるまでQEを続けましょう。

…………

傷を負った人に直接あなたが触れることができてもできなくても、QEは同じように効果があります。もし緊急時にQEをするなら、その後も断続的にQEを行うといいでしょう。

あなたは癒しのエネルギーを送る必要も、どう癒すべきか意図する必要もありません。そのすべてはあなたに代わってQEが自動的に面倒を見てくれます。あなたに必要なのは、ただQEをしてユーフィーリングに気づくことだけです。

あなたがそれ以上なにかしようとしなくても、すぐに癒しと調和が訪れます。大切なのは自分で癒しを起こそうとしないことです。緊急時にあわてて心配が高じると、QEをエネルギーテクニックのように使いたくなるかもしれませんが、それはうまくいきません。もしも自分がユーフィーリングにしがみつこうとか、癒しを起こそうとしているのに気づいたら、それも止めようとはしないでください。ただ自分がしようとしていることを観察するだけで、がんばる思考はすぐに退散していきます。そこにあなたのユーフィーリングが見つかります。

# 47章　旅行とQE

旅行が楽しいと感じる人もいるし、旅行は不便もしくは恐ろしいとさえ思う人もいます。QEによっていかに旅行を楽しく充実した快適なものにできるか、ちょっと見てみましょう。はじめにお話しするのは飛行機の旅ですが、このQEのコツは、車や船、列車、徒歩、あるいはロバやダチョウ……どんな移動手段にもあてはまります。あなたがすでに空の旅を楽しんでいるとか、少なくともたいていい短時間で目的地へ着くので我慢できるというのであれば、旅をもっと快適に、もっと面白くするQEのコツがあります。

時差がある旅では、いわゆる時差ぼけの現象によく悩まされます。時差ぼけとは、脳の視床下部の「視交叉上核《しこうさじょうかく》」というごく小さな領域が司っている概日リズムが狂うことです。この情報をいつか役立つ日のために記憶してもらってもかまいませんが、私は単にグーグル検索で見つけた「概日《がいじつ》リズム」という言葉をちょっとひけらかしてみたかっただけです。

調べなくても知っていることをお話ししましょう。私は飛行機で旅するとき、特に時差をまたぐときはほとんどの場合、QEをします。充分にQEをするまではたいてい読書もせず、隣の人と話もせず、窓の外も見ません。QEで手に入る静かで平和で満たされた感覚がただ大好きなのです。でも何より嬉しいのは、目的地に着いたときに気分がすっきりして、伸びとあくびをしたらすぐに世界へ出て行けることです。

自分の家を出て旅をするとき、身体は馴染みのない感覚と見知らぬ場所のエネルギーに適応するため、いつも以上のストレスにさらされます。歩いて行くなら、身体はゆっくりと時間をかけて新しい環境に適応することができます。それが車での旅行になると、変化し続ける感覚入力にすばやく適応しなければならず、身体と心により大きな負荷がかかります。さらに飛行機の旅では、はるかにもっと不安定な影響にさらされます。通過するエネルギー領域によって身体と心は激しく引っ張られ、もみくちゃになり、アンバランスな状態に置かれます。しかも時差をまたぐ移動となると、体内時計の狂いというストレスまで加わるのです。

飛行機や車の中でQEをすれば、身体と心に受ける衝撃やストレスをいくらか調和させることができます。純粋な気づきに気づいていると、一種の超電導で摩擦のない流れが生まれます。その流れはストレスを回避させ、通常の神経系や細胞代謝や思考プロセスの機能に介入することなく通過させるのです。それでも旅に気力と体力はいりますが、少なくとも有害な影響は最小限に食いとめられるでしょう。

空の旅が不安だという人には、QEはまさにうってつけです。空港へ行く前、搭乗を待っているあいだ、そして機内でも、充分に時間をかけて感情QEをしてください。恐れから逃げ出すのではなく、純粋な気づきに気づき、気を楽にして恐れを見つめることを覚えておきましょう。平和や静寂などのユーフィーリングの感覚があなたの意識に広がるとともに、不安や恐れは消えていきます。

もし飛行機酔いをしたら、そこでもQEが役に立ちます。QEの最初の数分くらいは吐き気が強まるように感じるかもしれません。けれどもそのあいだに癒しが起こり、すぐに意識するだけで吐き気をコントロールできるようになるでしょう。

車に乗っているとき、QEは素晴らしい心地よさを与えてくれます。私は運転中めったにラジオをつけません。静けさが大好きで、気がつくと純粋な気づきが親密で心強い同乗者になっているのです。純粋な気づきは、どこかの奥さんのように（あくまで一般的な例ですが）スピードを出しすぎだとか、いい駐車スペースがあったのに通り過ぎてしまったなどと話しかけてきたことは一度もありません。気づきながら運転することに慣れてください。「音が必要」という習慣を破ってラジオを切ってみると、あなたをつつむ豊かな静寂が快くなってきます。

駐車場といえば、駐車スペースが見つからないときや渋滞に巻き込まれたときも、QEをやってみてください。空いている駐車場、スムーズな車の流れ、などという意図を軽く持つだけにして、あとは忘れます。多くの場合、ユーフィーリングがあなたのために万事うまく取り計らってくれることに驚くでしょう。

## 旅人をQEで手助けする

QEを知っていると、人々の旅行をスムーズにする手伝いもできて、いっそう楽しくなります。もちろん、困っている人を助けるマント姿のQEマンやQEウーマンとなるには、目を皿のようにしていなければなりません。空港で最もよく目にする症状は、たとえば移動の疲れ、イライラ、そして「大変！大変！大事な日に遅れちゃう症候群」です。そのような旅の仲間たちのことも遠隔QEで助けてあげることができます。また自分の家族や友人にも、軽く触れるか遠隔でQEをすることができます。子どもたちが落ち着かない？だったらQEです。トイレに行きたいけど座席から動けない？QEです。お腹がすいた、退屈、気分が悪くなった？どれもQEの出番です。まずはQEをして、それから次のことを考えてください。QEはいつでも助けになり、まったく無害で、とても気持ちのいいものです。

# 48章 恐れを乗り越える

飛行機に乗ったり橋を渡ったりすることが、あるいは（広場恐怖症で）家から出ることさえも怖いですか？　家を出る前、または橋を渡ったり飛行機に乗ったりする前に、座って目を閉じてQEを10分から15分してください。そのなかで、これからあなたが体験することを心に思い浮かべます。このあとに起こることを数秒ほど心に見せたら、ユーフィーリングに戻ります。QEセッションのなかでこれを1分ごとに数秒間行います。

実際に行動して恐怖でいっぱいになってしまったときは、そのつど立ち止まり、ユーフィーリングに気づきます。移動している最中なら、1回の長いセッションよりも、ひんぱんに短いセッションをするほうがいいですが、どちらでも有効です。とても強い恐怖症の場合には、実際の行動をする前に何回か練習してください。ひとつ大切なポイントは、恐怖がなくなっているかどうかをいちいち確認しないことです。そのかわりにユーフィーリングを楽しみ、来ては去るものを何であれ受け入れましょう。

ドイツのQEワークショップに出席するために、アジアの自宅から飛行機でやってきた女性がいました。世界中からあらゆる人がワークショップに集まってくるので、それ自体は珍しいことではありませんが、彼女には特有の背景がありました。重い広場恐怖症に苦しんでおり、自分のアパートから出ることもできなかったというのです。外の世界につながる玄関に近づくだけで、恐怖で身体が固まり、激しい身震いと強い吐き気、下痢の発作に襲われていたそうです。

あるとき彼女は、私の『クォンタム・リヴィングの秘密』を読み、自分でQEができるようになりました。QEを練習しているうちに、玄関のドアに近づいてもそうした衰弱性症状が起きないことに気がつきました。やがてドアを開けることができるようになり、ついにある晴れた日、長年の引きこもり生活を終えて外の世界へと敷居をまたいだのです。その後もQEを練習し続け、少しずつ家から遠くまで出かけて長く外にいられるようになりました。そしてヨーロッパでQEのワークショップがあることを知った彼女はハンブルク行きのチケットを買ったのです。というわけで、あとはもうおわかりですね。

ユーフィーリングの気づきを完全に覆いつくせるような不調和はありません。ユーフィーリングの調和はすべてに浸透していきます。時間をかけて、あせらず練習すれば、どれほど圧倒的で恐ろしい障壁であろうと、ひとつずつQEで突破していくことができます。

# 49章
# 車の運転

ほとんどの人は自分が何をしているか意識しないまま車を運転しています。違いますか？　車の運転という機械的操作をしているとき、私たちの心はたいていどこかへ行っています。ラジオが背後で流れ、心は次から次へとあてもなく考えを彷徨《さまよ》います。目的地に着いたときには運転中のことなどほとんど頭になく、自分が何を考えていたかや、道路状況にイライラしたり怒ったことも覚えていません。でも、はるかにもっと満たされた体験ができるドライブ法があるのです。車を走らせながらＱＥをすると、自分がしていることへの気づきが高まるだけでなく、運転の楽しさに大いなる喜びが加わります。

次に車に乗るとき、ラジオを消して静寂に耳を澄ましてみてください。その静寂にユーフィーリングを見つけます。運転し始めたら、ユーフィーリングの静寂のなかを走るように道路や他の車を眺めます。道路を見ながら、ハンドルを握る自分の手に気づきを向けてください。ハンドルを切るとき、筋肉の収縮と弛緩を感じます。ユーフィーリングを見つけます。目的地は気にしません。早めに家を出て、ゆっくり走り、道のりとユーフィーリングを楽しみます。そうすると、きっとあなたは驚くでしょう。スピードを出して他の車を追い抜きながら走ったのと変わらない時間で着いてしまうからです。QE運転はあなたをリフレッシュさせ、平和裡に目的地まで連れていってくれます。

## 交通渋滞に巻き込まれたら

運転にはしばしば予期しないトラブルがつきまとい、ときにはトラウマになるほどの経験にもなりえます。渋滞の際にQEをどう用いればよいか、いくつかのアイデアを紹介しましょう。

自分がやきもきしたり苛立ったりしているのに気づいたら、ユーフィーリングを思い出してください。すぐさま気づきがどこかへ飛んでしまうかもしれませんが、それもほどなく過ぎるでしょう。そうしたらふたたびユーフィーリングに戻ります。ユーフィーリングを維持しようとはしないで、ただ戻ってくるのを気楽に待ちます。すると、やがて交通渋滞のとげとげしさが和らいでいるのがわかるでしょう。

のろのろ運転、遠回りなど、遅れが重大な障害として立ちはだかることもあります。時間ばかり過ぎて自分がちっとも進んでいないように感じたら、QEの出番です。ユーフィーリングを見つけて、「時間通りに着く」「すっきりして走りやすい道」といった考えを一瞬、思い浮かべてください。あとはただゆったり座って道中を楽しみます。変化を探さないでください、それは逆効果になりかねません。ただその力に運転してもらいましょう。

駐車場を探していますか？　これも同じように、ほんの一瞬、空きスペースを思い、よく耳を澄ませ、それから手放します。これがうまくいく秘訣です。ふと思い浮かべたら、あとは落ち着いてドライブを楽しみます。手放すことが難しいときは、感情的苦痛のためのＱＥ意図が助けになります。

# 50章 子どもたちにQEを教える

子どもの心は、自然と簡単にユーフィーリングの気づきへ向かいます。けれどもその気づきは成長とともに、コントロールすることを重要視する親や教師、さらに友達からの影響により失われていきます。子どもは大きくなるにつれて幼児期の完全な無力さと自由を捨て、置かれた環境でものごとや人々に適応したり調整する能力を身につけていきます。課された制限の範囲内で生きることを学ばなければならないのです。こうした成長は必要かつ有益なことであり、誰でもまずしっかりと自分を確立しなければ、充分に〈自己〉として存在することはできません。成人期の重圧に耐えることは必要で、それ自体は問題ではありません。問題なのは、自分の人生をコントロールする術《すべ》を学んだ後に、失われてしまった子ども時代の喜び、すなわちユーフィーリングへの自然な気づきを取り戻しに行かなければならないことです。

子どもは放っておかれたら死んでしまいます。まずは生きていく術を身につけなければなりません。生存するためのスキルを獲得して、子どもは大人になります。そして大人は生命のサイクルを完成させるために、もういちど子ども時代の魔法の国を訪れ、〈自己〉との旧交を温める必要があるのです。こうして、ふたつに分かれていた部分がひとつの全体になります。内なる子どもは成長し、大人は無邪気さを取り戻します。その両方が合わさると、大人の世界でも子どもの世界でも自由になり、大人と子どもの両方が最高の状態になります。つまり二兎を追って二兎を得るのです。

私たちはまだ大人としての成長を終えていません。いま成人期と呼ばれているものは、むしろ青年期の延長のようなものです。いつのまにか私たちの人間性そのものを見限り、文明を粉々に打ち砕くような崖っぷちへと導いたのは、意図はどうあれこの世界の大人たちです。私たち人間には無条件の愛と無限の知性があるというのに、それはほとんど表現されていません。多くの大人たちが無知や無精ゆえに子ども時代の純粋さをふたたび取り戻そうとはしないのです。

そのことは大人の二番目の大罪ですが、それよりもっと重大な罪は、子どもたちを〈自己〉に気づかないままにしておくことです。もしもいまの子どもたちが自由な大人になることを学び、ユーフィーリングの優しい腕に抱かれて内なる本質にすっかり目覚めたら、それだけで人類のすべての苦しみは——文字通り苦しみのすべてが——わずか一世代で消えるでしょう。

私はその選択肢を提案します。あなたの子どもに、そしてあなたが知るすべての子どもたちに、〈自己〉に気づくという簡単な習慣を教えてください。まわりにある本質的な喜び、ユーフィーリングの時を超えた輝きを絶えず思い出させてください。いま自由になる機会と、その自由を大人になってもずっと保つという選択肢を提供しましょう。〈自己〉は、変化していくすべてに浸透している永遠性であることを知らせてください。子どもに受け取れる最大の贈り物を手渡したら、あなたは一歩下がって、平和が静かに地上に舞い降りるのを見守りましょう。

## 子どものＱＥ

ＱＥを学べる年齢は子どもによってまちまちです。何歳で内側へ導くかは、その子の気質や、個性、人生経験、そして情緒的な成熟度にもよります。自分の感情を識別できるようになったらＱＥを学ぶ準備を始めていいでしょう。幼い子どもであれば、〝子どものＱＥ〟を始める前に、ポジティブな感情とネガティブな感情の違いがわかるようにしてあげる必要があるかもしれません。これは特に男の子の場合、男らしさを奨励する文化的背景によって感情を抑圧するようにしつけられている可能性があるからです。子どもが自分の感じている感情が何なのかわかるようになれば、子どものＱＥを学ぶ準備はできています。

あなた自身が内側へと思考をたどり、心の静かなレベルに達することを学んだように、子どもを一歩ずつ導いてください。その子が自分の内なる本質、つまりユーフィーリングの静かな喜びを意識的に感じられるようにします。大まかな指標としては、子どもの注意を少しのあいだ内側に向けることです。子どもが遊んでいるときや、いつもの活動をしているとき、気づきを促すといいでしょう。するとその場で感じたものをすぐ識別できるようになります。子どもによっては時間がかかりますが、せかさないことです。自分の身体や思考や感情に気づくというプロセスだけで子どもは落ち着き、すばやくユーフィーリングへと導かれるでしょう。

子どもと一緒に、喜びや楽しさ、笑いなどポジティブな反応を引き出すようなことをしてください。お気に入りの静かな活動でもいいでしょう。本の読み聞かせ、おもちゃで遊ぶ、自分の身体の動きに気づく、あるいは穏やかに話をするだけでもかまいません。カラフルな絵本を一緒に読めば、登場人物のやりとりや感情を通じて子どもを内面世界に導くことができるでしょう。

一番いいのは、その子が感覚的によく馴染んでいるものをきっかけに、そこから内側へと入っていくことです。たとえば、息子と一緒に床に座っているとします。あなたは息子に、自分の手を出して見つめるよう言います。そして子どもの小さな手を軽くなでて、どう感じるか聞きます。彼は「くすぐったい！」と言って笑い出すかもしれません。そのとき、内側でどんな感じがするか聞いてください。「楽しい」と笑顔で答えるかもしれません。あなたは子どもの意識を外側から内側へと優しくいざなったのです。いまや彼は心のより深く静かなところ、ユーフィーリングの完全な静寂に触れる準備ができています。

はじめは喜びとか愛情のような穏やかな感情から入っていきましょう。子どもがポジティブな気持ちを感じていたら、それがどんな感じなのか質問してください。そしてじっと静かにその感情を見つめ、よく感じて、どうなっていくか見守るように言います。これは子どものＱＥの精妙かつ重要な部分です。子どもはその感情が次にどうなるか見張っていなくてはなりません。子どもをネコに、感情をネズミにたとえて、「ネズミが次に何をするか、よく見ててごらん」と言ってもいいでしょう。あなたも体験したように、ユーフィーリングを発見するのは静かな注目です。子どもはすばやく心と身体で静けさを覚えるでしょう。

これは最長でも10秒までにします。子どもの心はすぐにさまよい出たがるからです。そのあと短い会話をして、子どもの意識をさっきの〝いい感じ〟に連れ戻します。自分の感情をよく見つめていると、内側がだんだん静かになったり、平和で幸せな感じになっていくことに気づかせてあげてください。子どもの気づきは磨かれ、感情からより深く安定したユーフィーリングの静寂と平和に向かいます。

そうしたらこう言いましょう。

「いい感じをそっと見守っていると、あなたのなかで静かで幸せな感じがするのがわかる?」

幸せ、静けさ、やすらかさ、どんなものでもその子が感じているユーフィーリングを見守るように言い、それがどうなっていくか話してもらいましょう。子どもは考えていることや感じていることを伝えてくるかもしれないし、なにか話し出すかもしれません。しばし話をさせて、それからちょっと休止し、まだいい感じがしているかどうか聞いてください。たぶん、「うん!」という答えが返ってくるでしょう。

もう一度、そのいい感じを見つめるよう子どもに言い、内側でどんなふうに幸せに感じるかを聞きます。それがその子の〝幸せの国〟だと教えてあげましょう。そこは自分だけの特別な秘密の場所で、疲れたとき、悔しいとき、怖いとき、どんなときでも訪れることができるのです。幸せの国は親友のようにいつでも待っていてくれます。

はじめは短いセッションを一緒にやってみてください。長くても数分です。たちまち子どもは、あなたが「幸せの国へ行ってごらん」と促すだけで簡単にユーフィーリングに気づくようになるでしょう。そして自分が行きたいとき、幸せの国はいつもそこにあるとわかるようになります。すると成人してもこの喜びを持ち続け、愛情豊かな大人となり、ユーフィーリングを渇望している世界で愛を分かち合うようになるでしょう。

子どもが静かに幸せの国へ行くとき、日に何度か、あなたも1分か2分くらい一緒に座ることをお勧めします。もし子どもが話しだしたら話をさせてから、静かに幸せの国に戻って何が起きているか、どう変わっていくか、気をつけてよく見つめるように促します。すぐに子どもはちょっと言われただけで幸せの国へ行くようになります。目を閉じないでできればベストです。そうすると遊んでいるときや、みんなと一緒にいるときでも、ユーフィーリングに気づきやすくなるからです。

成長とともに子どものQEは長くできるようになりますが、一般的には短めのセッションをたくさんしたほうが有益です。10歳か11歳くらいになって身体と心が成長してくると、目を閉じて静かな心の深いレベルを探求できるようになります。それは完璧な瞑想であり、そのために学ぶべきことは何もありません。毎日1回か2回、目を閉じて子どものQEをすればいいだけです。

その場合、私の経験則では、その子の年齢数と同じだけの長さ（分）がいいようです。たとえば12歳なら目を閉じて12分間、1日に1回か2回します。もちろん、目を開けたままで幸せの国へ行くのは、日に何度でも、どれだけ長い時間でもかまいません。

子どもたちに自分の幸せの国を教えてあげることは、あなたが手渡せる唯一最大の贈り物です。子どもの顔は内なる光に輝き、瞳には生命の神秘への畏敬が宿っているでしょう。

その喜びは成人しても保たれ、まわりの人がそれぞれ自分の幸せの国を見いだせるよう触発するでしょう。あなたが愛情をこめて子どものハートに植えた、最も尊い種が花開くのです。

# 51章

# 子どものストレスとQE

子どもたちの傷つきやすい感情、華奢《きゃしゃ》な身体、繊細な神経系は、ストレスによってたちまち危うくなります。子どもは保護と養育を全面的に親やまわりの大人に頼っています。QEは、親がひとりでも両親の働きをしてくれます。

規則的な深い睡眠は、子どもの精神的・身体的な健康に不可欠です。寝る前に2分間のQEをするとその日の気がかりが消え、深く質の高い睡眠が訪れます。悪夢を見たりベッドの下のおばけを怖がったら、QEで恐怖を鎮め、幸せの国はどんなおばけよりも強いと教えてあげましょう。

肉体的に疲れているとき、子どもはQE意識の和らいだ気配に即座に反応します。

子どもは自分の中心を見つけようと躍起になっており、いつもの習慣が破られたり、思い通りにいかないとすぐに怒ります。QEをするとすばやく感情のバランスがとれ、外の世界の安定は内側にある幸せの国からやってくることがわかります。

子どもたちに幸せの国を見つけて自分でQEをすることを教えてください。無数のチャレンジに満ちたこの世界で、次の世代が最高のスタートを切れるように。

52章

# ペットを愛する

ペットは家族の一員です。ペットたちの生活の快適さは、程度の差はあれ食べ物や住環境など私たち次第です。ペットは所有物ではありません。彼らは人間の愛情と世話を受けて、すくすくと育ちます。人間の尺度からすると驚くほど感受性が細やかで、私たちの思いやりを純粋な太陽の光のように吸収するのです。QEによって生みだされる深い平和の賜物、ユーフィーリングは、あなたがペットに提供できる最も純粋な太陽の光です。

人間と動物の関係はしばしば人間どうしの関係よりも強く深く、満ち足りたものになります。まるで最高に相性のいい友達か相棒みたいです。実際、動物たちが純粋さと無垢を私たちに映し返してくれるというのは本当だと思います。彼らはあたかもスピリチュアルな音叉のように、私たちをより高い愛の領域へとチューニングしてくれるのです。そして私たちはそのお返しに、彼らのより深い自己感覚を呼び覚まします。

動物のためのQEは人間と同じ方法で行います。馬からツノトカゲに至るまで、世界中のペットたちが腫瘍、関節炎、行動障害、足の巻き爪など、ありとあらゆる問題にQEで救いを見いだしています。遠隔でも、直接触れても、ペットはあなたのQEセッションから深い恩恵を受け取ります。ですから、ただ単に症状を和らげるためだけにはしないでください。彼らに触れたり目を見たりするとき、5秒くらいの短いQEセッションが可能です。より長い2分から5分のセッションは互いの絆を深めるための時間にしましょう。散歩やトレーニングの前、また給餌の時間にQEをしてみてください。ユーフィーリングは異種間でも共有することができ、あなたと愛する仲間が完全な純粋さと喜びと愛のなかで出会える場でもあるのです。

53章

# 悪天候に対処する

お天気の話になると、私たちはすぐ「みんないろいろ言うけど、誰もどうにもできない」と言いますね。天候をコントロールすることなどできないと信じています。コントロールどころか、1日か2日後のお天気を予想するのも大変です。先住民の人たちは、しばしば祈禱や呪文や儀式を通じて天候を動かそうとします。産業社会の人間はやってみようともしません。忘れずに傘を持ってきてよかったと思うくらいです。

QE実践者がよく興奮して、雨や風がやんだ、気温が上がった（下がった）、荒れ狂っていた海がおあつらえ向きの波に変わったなどと多くの報告をしてきますが、誰もそれを継続的に調べていません。これは興味深い研究テーマで、QEで気象をコントロールできる可能性はあるでしょう。でも私たちはいますぐコントロールできることにフォーカスしたいと思います。すなわち、無情な悪天候に対する私たちの反応のほうです。

過酷な気象条件にさらされたとき、身体は恒常性を維持しようとして必死で働きます。外界が暑かったり寒かったり乾燥していたりすると、身体は生存するためにあらゆることをして生理学的に正常な範囲を保とうとするのです。ＱＥをするとき、身体が何をしているのかは知らなくてかまいません。あなたは心の最も微細な機能レベルからの調和と癒しを、外なる身体へと導きます。肺は毒素を取り除いて血液中に酸素を送り、心臓はその血液を完璧な精密さで送り出して全身組織のすみずみまで満たします。言い換えれば、ＱＥをすることで、身体は深刻な気象変化に適応する絶好の機会を得るのです。

それだけではありません。ＱＥは、悪天候が心にもたらすネガティブな影響も減らしてくれます。たとえば日光不足による季節性情動障害のうつ症状のような場合、ＱＥはとてもよい対処法になるでしょう。

# 54章 きれいな水と健康な植物

私たちの思考と感情がまわりの環境に著しい影響を及ぼすことは昔から知られています。量子物理学では「環境は私たちの思考と感情の反映である」と言っています。ポジティブな思いもネガティブな思いも、植物の生長や水の分子構造に密接に作用するという確かな研究結果があるのです。私たちの思考にはとてつもなく重大な責任があります。世界のどこへ行っても、ほとんどの人は通常意識のはてしないクモの巣――焦点の定まらない弱々しく散漫な思考――に絡めとられています。通常意識の反対はQE意識、つまり心の表面でなく、奥深くで生まれる思考の源にじかに触れる意識です。QE意識から育つ思考は力強く、生き生きとして調和をもたらします。

調和を欠いた通常意識の思考のせいで水や植物が汚染されています。わずかなQE意識で、すでに受けたそれらの毒性を中和させることができます。きれいな水と健康な植物のためのQEを紹介しましょう。

……

できれば植物や水にじかに手を触れてください。それが無理なら、森や水を見るか心の中にイメージします。あなたがヨーロッパに住んでいてもブラジルの広大な熱帯雨林を思い浮かべることはできるでしょう。植物や水に触れ、もしくは心の中で見て、見えるものや感知できるものすべてに気づきます。これを30秒行います。そうしたらユーフィーリングに気づき、QE意図を持ちます。ユーフィーリングに気づいたまま、もういちど水や植物の感覚へと意識をそっと戻しましょう。これを3分から5分、もしくは好きなだけ続けます。

……………………………………

もしこのQEセッションの前後に植物や水の反応を調べる方法があれば、事前チェックと事後チェックから興味深い結果が得られるでしょう。調べる方法がなければ、自分の感覚を頼りに、味覚や嗅覚や視覚でフィードバックを受け取ってみてください。ときには短時間で劇的な変化がはっきりわかる形で現れることもあります。私は以前、パパイヤの木を植え替えたら、1週間でみるみる元気をなくし、葉が枯れ落ちてしまったことがあります。その木に優しく触れて2分くらいQEをすると、20分後には葉の色が濃くなり、太陽に向かって誇らしく伸びていました。なかには水の味の変化に気づく人もいるでしょう。

浄化の潜在的可能性は奥深いですが、油断は禁物です（毒性のある植物や水は、QEをしても完全に安全だとわかるまでは摂取しないでください）。環境を清めるためのQEをすれば、環境のみならず問題の発端となった私たちの心にも、すぐさま浄化の効果が及びます。

55章

# 虫刺されと害虫

現代文明に生きる人間は、自分たちを効率よく自然から隔離してきました。そうするうちに、私たちは昆虫や有害生物などに対する生得の免疫力をずいぶん失ってしまいました。路上で暮らしていても、週末にキャンプに出かけるだけでも、虫刺されから蛇に噛まれるまで、あらゆる煩わしさや危険にQEが役に立ちます（46章の「応急手当」も参考になるでしょう）。

蚊や蜂のような虫に刺されたら即座にQEをしてください。はじめは一時的に、かゆみや痛みがひどくなるかもしれません。それは癒しが起きている兆しです。ほどなく身体は首尾よく働き始め、毒が中和されるにつれて痛みやかゆみは治まっていくでしょう。もしもあなたにハチ毒のアレルギーがあれば、すぐさまQEを行い、そのあと刺された傷の治療を受けているあいだもずっとQEを続けてください。血液ガスが減り、心拍出量が増加し、毛細血管が拡張するとともに恐怖と不安が鎮まっていき、身体が毒素を中和してアナフィラキシーショック症状に対処できるよう促します。

……蛇その他の動物に噛まれた場合も、このQEのプロセスを応用できます。

QEは、あなたの周囲や家から害虫にいなくなってもらうためにも使えます。もしアリやシロアリその他の侵入者があったら、日に1回か2回、侵入者が去ることをそっと考えながらQEをしてください。あなたが蚊に刺されやすければ、蚊はもうあなたを刺さないという考えとともにQEをします。多くの人が害虫を家から追い出し、虫刺されを防ぐことに成功しています。

私は友人たちからモスキート磁石と呼ばれています。みんな私をキャンプに連れて行きたがるのですが、その理由は私のきらめく個性のためでなく、虫が全部私に集まってきて、ほかの人たちは虫のいない屋外を思いきり楽しめるからです。私にとって、QEは寄ってくる虫をわずかに遠ざける程度に過ぎませんが、それでも蚊やその他の虫刺されによる不快感を中和してくれるので大いに助かっています。

56章

# 一瞬で平和になる——観察者を見る者

毎日の生活は忙しくて落ち着かないものです。いつ何が起こり、生活がひっくり返って不安定や不調和な事態に襲われるかわかりません。何があろうと、たとえどんな破滅的な状況になろうとも、すばやくユーフィーリングに気づけることが必要になります。これはそのために非常に有効なステップです。

どんな活動のなかでも、それをしている自分に気がついていてください。自分の行為を、それが目の前に展開していくように観察するのです。そうすると、自分の行為を観察している自分をさらにじっと見つめている自分がいることに気づくでしょう。これが、〝観察者を見る者〟です。自分がすることを観察しているとき、その観察する自分を観察している広がった意識です。いま、あなたが観察者を見つめていて感じるユーフィーリングに気づきましょう。静寂、平和、畏敬、喜び、至福……そのユーフィーリングは、観察者を見つめる広がった意識のなかであなたに発見されるのを待っていたのです。

〝観察者を見る〟ことはスピリチュアルな教えでよく説かれますが、ユーフィーリングの気づきによってこの体験をとびきり深めることができます。心は、ばくぜんとした観察者の意識だけではすぐに退屈してしまいます。〝観察者を見る者〟のユーフィーリングに気づくと、魂に光が射し、心は啓発されます。これは、あなたの意識が全体性を生きる喜びに開かれるために必要な最後の一歩となります。

# 57章 世界平和

世界平和は、何十万もの人々が心をひとつにして熱心に叫びを上げて行動しなければ、実現不可能だと思いますか？ その考えは誤りです。実のところ、本当はその正反対なのです。現実に過去１００年にわたり何百万もの善意の人たちが力を合わせてきたにもかかわらず、世界は平和に近づいているようには見えません。世界平和は外側の活動だけでは実現しないのです。それはまずはじめに内なる平和に支えられていなければなりません。そこでＱＥの登場です。

二乗効果と呼ばれる自然現象によって、フォトンであれ人間であれ、グループの１パーセントの平方根分が変化するだけで、その集団全体がカオスから整合性《コヒーレンシー》へと自発的にシフトしてしまうのです。この注目すべき事実は、１９７０年代に超越瞑想（ＴＭ）のグループによって大々的に証明されました。アメリカの主な22都市で充分な数の瞑想者がただ毎日深い平和を体験するだけで、それらの都市の犯罪率が平均24パーセントも減ったのです。世界平和を実現するために科学を理解するまでもなく、それよりもっとずっとシンプルなのです。

このカオスの世界を、破壊的でなく建設的な世界に変えるためには、一度に８０００人ちょっとのQE実践者がいればいいことになります。あなたなら、より整合性のある平和な地球に何を望むでしょうか。QEの世界は、集団のなかに調和した個人を出現させます。言い換えれば、ある人の欲求や願いや希望は、家族や街や都市や国といった集合体の欲求や願いや希望を支えると同時に、それらに支えられることになるのです。では世界平和に近づくために私たちに何ができるかですって？　よく聞いてくれました。以下に述べましょう。

毎時刻ちょうどにQEをします。1秒でも1分でもかまいません。目を覚ましているあいだ、時刻が改まるたびに心をそっとユーフィーリングの平和へと連れて行ってください。あなたはこれを世界中の何千というQE実践者と一緒に行うことになります。何日かすると、あなたの人生が変わっているのに気づくでしょう。

もうひとつは、自分のために、そして人々のために好きなだけQEをすることです。世界平和に最も強い影響力があるのは、あなた自身の平和です。あなた個人の調和が世界の何千人もの調和に加わり、努力なしに世界平和が見え始めます。

## グループでの世界平和セッション

グループで行う世界平和のQEセッションにはさまざまなやり方があります。イマジネーションを広げ、思いきり楽しんでみてください。基本的な手順は次の通りです。

全員で輪になって座ります。イニシエーターは時間を計ります。時計回りにひとりずつ、自分の深い願いを一語か短いフレーズで表明していきます。たとえば、病気が治って痛みや不安から解放されたいという場合には、簡単に「健康と幸せ」と言います。全員が願いの言葉を考えたら始めましょう。

グループ全員の顔が見えるよう、皆で輪になって座ります。

イニシエーターが左隣の人に、願いの言葉やフレーズを表明するように促します。全員がその人に目を向けます。その人が願いを述べたら、全員で目を閉じ、決めておいた時間の長さだけQEをします。2分くらいがちょうどいいですが、少人数なら5分から10分、大勢なら1分でもかまいません。

イニシエーターは時間を計り、時間になったら「つぎ」と言います。

全員が目を開けて（必ず目を開けてください）時計回りで次の人を見ます。みんなの目が集まったら、その人は願いの言葉やフレーズを表明します。これを順繰りにひとりずつ行い、最後にイニシエーターが自分の願いを述べます。

イニシエーターの願いの時間が終わったら、イニシエーターは「つぎ」と言います。イニシエーターがグループを代表して世界平和を願い、全員で最後のQEをします。

# 58章 ＱＥ実習グループを開く

ＱＥは人と分かち合うときのほうがさらに楽しく、パワーも強くなります。二乗効果を覚えていますか？　一緒にＱＥをする人数に応じて、あなたの結果は何倍にもなります。それだけでなく、グループでＱＥを実習するとメンバー間に意味深い友情が育まれやすいのです。この絆は、最も深い人間関係のレベル、つまりすべての違いが溶けるユーフィーリングのレベルをお互いに共有することで生まれます。

この本は、人生の内側・外側の両方で全体性を生きるためのガイドブックです。実際に本書の指示に従ってやってみれば、確実にあなたは想像もつかない深みから全体性を生きるようになるでしょう。私は大まかな概念と有効な実践法について、やさしく明確に具体的に話してきました。あなたは思考でいっぱいの心を一瞬でクリアにする手法を学び、ＱＥ３点法で数分のうちに素早く深い癒しをもたらすことを学びました。また、自分の内なる本質であって万物を回転させている中枢、ユーフィーリングをどのように見つけるかも体得しました。離れていても遠隔ＱＥを行い、それを身体や感情の不調に、経済的問題に、あるいは人間関係、スポーツ、旅行、食べ物、持病、創造性のためにどう使えばいいかも身につけました。

いまやあなたは、現代生活のあらゆる分野でポジティブに働きかけるスキルを持っています。純粋なユーフィーリングの絶対的な静寂を見つめ、そこから外側の豊かさのためにそっとQE意図を持ち、自己の内なる深い真の本質を展開させることを学びました。子どもたちに〝幸せの国〟の見つけ方を教え、生涯にわたる平和と調和を根づかせ、さらには次の世代、そのまた先へと世代を超えて引き継いでいくことも知りました。

この本は、幸福と充足と豊かさへの実践的ガイドブックです。あなたの夢に橋を架けるツールがぎっしり詰まった道具箱です。ただしあなたをもっと加速させるためにまだ足りないものがあります。実践の成果を相乗的に拡大させ、喜びと楽しみと友愛をいっそう大きくするもの、それは何でしょうか？　QE実習グループです。同じような思いを共有する人と、直接であれ遠隔であれQEを一緒に行うのです。グループでQEをすれば、あなたがつくり出したい世界を最も早く、最も楽しく実現できるでしょう。参加することもグループを立ち上げることも、すべての人に開かれた楽しい機会です。

QE実習グループとはどういうものか、そしてどんなふうに有効活用できるかについて、以下に少し詳しく説明しましょう。

## QE実習グループとは

QE実習グループは、QEのさまざまな手法や応用法を練習する人々の集まりです。生き生きとして明るく楽しい雰囲気です。癒しと調和は増幅され、同じような考えとハートを持つ人々の存在を通してあなたに映し返されます。あなたの学びをグループの人たちと話し合い、お互いの体験を分かち合う機会になります。簡単に言うと、QE実習グループは全体性に向かうロケットのようなものです。

## QE実習グループの人数

ふたり以上集まればQE実習グループができます。人数が多いほど、明らかにメンバー全員への影響も大きくなります。二乗効果はふたりだけでも充分はっきり感じられます。もしそれが100人のグループになったらどんな効果になるか、想像してみてください。

## QE実習グループは遠隔でも可能か

もちろんです。遠隔でのQE実習グループは実用的で、とても人気があります。可能なときにQE実践者たちと実際に会って行うのもいいでしょう。じかにQEを分かち合うに越したことはありませんが、遠隔QEのグループも同様に効果があり、それは多くの人にとってほかの実践者と出会う唯一の場にもなっています。私からのお勧めは、遠隔のグループと対面のグループの両方に参加してあなたの結果を4倍にすることです。自分を制限する必要はありませんよね？

## QE実習グループに参加するには

QE実習グループに参加する人は、まずQEのやり方を知っている必要があります。QE実習グループでそれを教えることはありません。グループはQEの実践と応用のためにあるので、少なくともQE3点法とリファインドQEは自分で学び、できるようにしておかなくてはなりません。もしグループで学びたければQEのワークショップに参加する必要がありますが、QEのやり方はグループで学ばなくても自分で独習できます。

本書のほかにも、『瞬間ヒーリングの秘密』『クォンタム・リヴィングの秘密』『ユーフィーリング！』にQEの手順が載っています。耳で聞いて学びたい人はCDや視聴覚教材をキンズロー・システムのウェブサイト（巻末参照）から入手することもできます。いずれも自分で簡単に学べるので、グループに参加する前にQE3点法とリファインドQEを習得しておいてください。

はじめてグループセッションに参加するときは、少し早めに到着する必要があります。セッションが始まる前に、基本的なQE3点法をやってみるよう求められるでしょう。もしあなたが知らなければ、身につけてから参加するように言われます。ですから、あらかじめこの簡単なプロセスを身につけておきましょう。

QE実習グループのメンバーになったら、次のグループセッションまでQEの本を何度も読み返して練習を重ねるといいでしょう。QE90日間プログラム（次章）を実践し、その効果を感じてみるのもお勧めです。いままで経験したダイエット、運動、楽器の練習など、どんなものとも違うのがわかるはずです。このプログラムはあなたがやろうとしないときだけ働きます。簡単で楽しくなければ効果はないのです。

## QE実習グループのセッションの長さ

グループセッションは通常、1時間半から2時間ほどです。しかし10分で終わる短いセッションもあります。2時間以上のセッションは特段の事情がないかぎりお勧めできません。セッションの長さは、人数や集まる場所、時間帯など、さまざまな要素で決まります。最適なのは90分から2時間くらいのようです。

## QE実習グループの主催者

QE3点法とリファインドQEを学んで直接ほかの人にしたことがある人なら、誰でもグループを主催することができます。最も重要なのは、QE実習グループの主催者は先生でなく、会を開くだけだと理解しておくことです。グループセッションに先生はいませんし、主催者は権威者ではありません。どれほどQEの本を読んだか、QEの経験を積んでいるかに関係なく、すべてのメンバーが対等な立場です。できればグループ内で主催者を持ち回りにするといいでしょう。そうすると、主催者個人でなくグループが中心になります。QE実習グループに権威者はいないことを忘れないでください。私もQE実習グループのセッションには一参加者として出席します。QEグループセッションでは先生もいないし、教えることもないからです。それが「実習セッション」と呼ばれるゆえんです。

おそらくここで言っておくべきでしょう。QE（クォンタム・エントレインメント）は国際的な登録商標であり、私を唯一の教師とするQE技術のみを指します。これを言うのは自慢したいからではなく、もしあなたにQEを教えるという人がいたら気をつけてほしいからです。QEは人に教えられません。QEを学ぶのはたやすいのですが、教えるのは見かけほど簡単ではありません。中途半端な状態でQEを教えようとすると、微小もしくは重大な不純物を混ぜ込んでしまい、結果として効果が損なわれたり、肉体的・精神的に有害となることがあります。私の師がよく言っていたように〝安全第一〟です。実物を安全確実に入手できるのですから、類似品に飛びつかないようにしてください。

私の夢は、世界中の学びたい人が誰でもQEを学べるようになることです。QEの手法は、本、ワークショップ、CD、DVD、オンラインセッションなどを通して、わずかな金額で習得できます。考えてもみてください。数分で痛みや感情的不調和をなくし、全体性に気づいて生きる喜びをもたらし、人生の視野と質をめざましく向上させるQEの技法を、たった15ドル以下で発見者である創始者から直接学べるのです。いずれ教師を養成しますが、そのときまでは私から、あるいは私の教材から簡単に学ぶことができます。ですから、QE実習グループは実習のみの場です。そこにパワーがあるのです。

グループセッションでは、ときにメンバー間で解釈の違いも出てくるでしょう。心配はいりません。何であれ、それについて議論したり答えを出そうとするのは時間の無駄です。その場で解決する必要はありません。次のセッションまで、食い違いはそのままにしておきましょう。そのあいだに次のような方法で答えを見つけることができます。

・私の著書やCD、DVDその他の教材の中に答えをさがす。要点を明確にするために何か所か参照してみるとよい。
・QEのウェブサイト（巻末）のFAQや関連記事を見たり、Q&Aの動画を視聴する。
・私たちのフェイスブックやツイッターなどのSNSに参加する。
・オンラインでQEワークショップを受けることを検討してみる。
・前項までの方法で解決しなかった場合、Eメールで私たちに問い合わせる（ひとつずつ順番に質問に答えているので多少時間を要するかもしれません）。

## QE実習グループのセッションテーマ

QE実習グループのセッションではQEのみを扱います。今日では優れた考え方やプログラムや技法が数多く存在しており、どれも確かに利点があります。けれどもQE実習グループはただひとつのシステム、クォンタム・エントレインメントつまりQEだけを行います。セッションはもっぱらQEの実習に集中します。グループの時間を大切にするため、その他のシステムについてはいっさい話したり扱ったりしません。

このルールがくずれると、参加者は混乱し、不満を感じ始めます。メンバーはQEの恩恵を享受して人生に統合することができず、グループはあっという間にばらばらになってしまいます。QEと他のシステムを比較対照してみたい人は、このグループとは別の場所や機会にそうすることをお勧めします。セッションではテーマを守り、次に示す概要に沿うようにしてください。そうすれば、混乱やそれに伴う問題を避けることができます。これはいくら強調しても足りないくらいです。

## QE実習グループのセッション概要

QE実習グループのセッションのおもな内容は以下の通りです。示された時間を守ればグループセッションから最大の価値が得られるでしょう。

①5分間のセルフQEもしくは遠隔QEから始める。

②実習（30分）

・QEの本の中でどれかひとつの手法やエクササイズを読むか、CDや視聴覚教材で聞きます。

・正確にその指示通りにします。
・プロセスを行います（1回のセッションで複数の手法やエクササイズを行わない）。
・自分が体験したことや、その結果や感想を分かち合います（このとき雑談はしないように）。

③原理（5分から10分）

本の惹かれる部分を抜き出して誰かが朗読するか、CDや視聴覚教材を流して静かに聞きます。〝静かに聞く〟ことに注意してください、それが肝心です。原理を学ぶときにディスカッションは禁物です。その文章をメンバー全員で聞き、最後まで静かに耳を傾けます。そして話し合うことなく次に移ります。これは通常のやり方と異なり、奇妙に感じられるかもしれませんが、きわめて強い効果があるのです。こうした学び方にはふたつの重要な利点があります。

・はじめに実習をするので、QE意識の状態で文章を聞くことになります。このとき、心地よい静寂の状態で知識が最もよく理解され吸収されます。つまり静寂という苗床に知識の種を植えるのです。こうしてその知識の種は、最も豊かな実りへと育ちます。数週間、数か月するうちに、静かに速やかに実を結ぶでしょう。
・教材を正確に理解していない人と話し合うことによる混乱を回避できます。その場で教えの精妙さを指摘できる権威者がいないとき、混乱はしばしば不満や失望につながります。

④グループでの世界平和セッション（5分から20分）

ひとつ前の57章を参照してください。

### ⑤交流を深める

全員がひとつになって楽しむ時間です。QEの体験を分かち合ったり、家族や仕事の話、お天気の話でもかまいません。QEの原理や手法について話し合ってもいいですが、それは自然に話にのぼった場合だけにしてください。ほかのプログラムの話はここでもお勧めできません。この時間はQE意識の喜びを共有するためにあります。最後のこの交流の時間はセッションではなく、全体性を生きる喜びをお互いに分かち合う特別な時間です。

## 時間がないとき

時間に制限があるときは、QE実習グループのセッションを必要に応じて短くすることができます。もし数分しかなければ、グループでの世界平和セッションだけをしてください。もし30分あるとしたら、数分のセルフQEか遠隔QEから始め、そのあとQEの手法かエクササイズをどれかひとつしますす。スケジュールに合わせてセッションを調整するのはかまいませんが、グループを導くルールは変えないでください。そうすれば、つねに豊かで新鮮なセッションを楽しめるでしょう。

59章

# QE90日間プログラム

ひとたび弾《はず》みがつくと、いともたやすく全体性を生きるようになります。必要なとき、自動的にユーフィーリングに気づくようになるのです。いままでの人生でつねに一緒にあったとしても、ユーフィーリングにはじめて触れるときは多少の意識的な働きかけが必要です。しかし、いつまでもそうではありません。実際あなたはごく短期間のうちに、思いついたらいつでもユーフィーリングに気づくようになるでしょう。

それは寒い日に羽織るコートのようなものです。最初にコートを着たときは、その重みやぬくもりを感じます。でもしばらくするとコートを着ていることなどすっかり忘れ、目の前のことに集中します。その間もコートはずっとあなたを包み、あなたを暖めています。あなたはいつでも「私はコートを着ている？　暖かい？」と考えることができます。その瞬間、あなたの意識はすぐコートに移り、それを着ていたことを思い出します。そしてコートが暖めてくれていたことに気づくのです。コートは純粋な気づきで、暖かさはユーフィーリングです。心が慣れると、これはほぼ瞬時に起こります。コートには気づかなくても、コートが与えてくれる暖かさに気づくようになるのです。

たとえば熱帯地方に暮らしているあなたが、あるとき真冬の北国の最果てで、人里離れた山小屋に足止めされてしまったとしましょう。あたりを歩いて帰ってくると、入り口の扉の鍵穴が凍りついて鍵が回りません。大変だ、私は死ぬかもしれない、という恐ろしい考えがどっと押し寄せます。自慢の日焼けもどこへやら、人間アイスキャンディーになるという考えには全然そそられません。あなたはひどく慌てふためき、どうにかして安全で暖かい山小屋の中へ入ろうと扉や窓をたたいてまわります。そのとき、自分が着ているのはトミー・バハマのピンクのフラミンゴ柄のシャツではなく、極寒から身を守る分厚い防寒コートだったことに気づきます。実際とても暖かいのに気がつき、あなたの心は落ち着きを取り戻し始めます。それとともに、ふと思い出しました。コートのポケットにはライターが入っていたのです。早速ライターで鍵をあたため、鍵穴に差し込んでみました。すると鍵穴の氷が溶けて鍵が回り、あなたは暖かい山小屋に入ることができました。

そうです、これは突拍子もないたとえ話ですが、〝弾み〟について私が言いたいことが伝わると思います。コートとその暖かさに気づくことで落ち着きがもたらされました。心が落ち着くと思考がクリアになります。そして自然にコートのポケットにあったライターを思い出し、問題の解決策が見つかったのです。

QEをしないでユーフィーリングにも気づかないとすれば、極寒の地でいつもフラミンゴ柄の半袖シャツ一枚で過ごしているようなものです。備えがないために次から次へと問題にぶつかり、年がら年中あたふたして暮らすことになります。事態に振り回され、遅かれ早かれ、最後にはフラミンゴ味のアイスキャンディーみたいになってしまいます。

QEを始めてユーフィーリングに気づくようになると、ふだんはフラミンゴ柄のシャツ一枚でも、問題に直面したら防寒コートをさっと羽織ればいいのです。問題にぶつかるまではコートの存在を忘れています。さらに弾みがついてくると、もういつでもコートを羽織っているようなものです。あなたは絶え間ない保護と暖かさと幸福という恩恵を受け取るのです。

QEを学び始めて、すぐにQE90日間プログラムを開始すると弾みがつきやすいでしょう。これは筋トレやダイエットとは違います。全体性を生きるためのプログラムは努力いらずどころか、とても楽しいものです。実際、無理したり頑張ったりすることはできません。ほとんど努力しないときにしか働かないのです。「ほとんど」と言ったのは、最初はユーフィーリングに気づくために少しだけ意識する必要があるからです。この段階では、自分のしていることからユーフィーリングへと視点を転じることが求められます。それは素晴らしいことなのがわかるでしょう。そしてとても短いあいだに(90日かそれ以内に)、自分が生き生きと豊かな存在として生きていることに気づくでしょう。

はじめに、あなたが生きてきた年数を4倍してみてください。もし45年なら45×4で180になります。この数字は、あなたのこれまでの人生で90日間が何サイクルあったかを示しています。

次の90日間にはいったいどれだけの楽しみと喜びがあり、何が叶うのか想像してみましょう。では準備はいいですか？

## QE90日間プログラム

- 一日中ずっとQEで遊びましょう。はじめは浴室の鏡、コンピューター、車のダッシュボード、冷蔵庫などに小さな付箋を貼っておきます。付箋に何を書くのかですって？ 何も書きません。それは純粋な気づきに気づき、ユーフィーリングに気づいたらどうするかを思い出すための目印です。QEを習慣にすると、いかに早く簡単にQEがおのずから実現してしまうかに驚くでしょう。
- 少なくとも10分のQEを日に2回か3回します。朝起きた直後、夜寝る前、さらに日中のどこかでQEを行い、ストレスを解放してエネルギーを高めます。
- 毎日できるだけ多くの種類のQEをやってみましょう。基本の（じかに触れる）QE、リファインドQE、QE意図、遠隔QE、感情QE、セルフQE、子どものQE、グループでの世界平和QE。何にでもQEできます。ペット、石、空、チョコバー……。
- 人のために頻繁にQEをしてください。与えましょう。あなたは何もしないので、相手の許可は必要ありません。ただやりましょう。それもたくさん。
- 結果は気にしません。いつのまにか叶い、びっくりするでしょう。ただQEをして、いつも通りの生活を続けてください。

● 楽しんでQEそのものを満喫しましょう——それは全体性を生きる調和した人生の自然な姿です。忘れないでください、「簡単で楽しくなければQEではない」のです。

…………………

# 終わりに

いざ友よ、さらば（いまどきこんな言い方はしませんが、楽しいですよね）。こうしてあなたと一緒に過ごせて、とても嬉しかったです。次に会えるのをいまから楽しみにしています。そのときまで、ユーフィーリングの目を通して見える新たな世界をおおいに堪能してください。ありふれた日常の、本当に美しい姿です。そうです。あなたの人生は見たところ何も変わっていないようでも、根底から変わります。違いを統合し、同じであることに気づくようになります。親しさや懐かしさを感じながら、同時に新鮮さを感じるでしょう。

この世界は、あなたの世界は、あるがままで完璧です。あなたの始めたことがその完璧な姿を現すのです。それは最も平凡な場所で見つかるでしょう――文字を習い覚える子どもの集中力に、歩道の隙間から葉を伸ばしている雑草に、年配者の瞳のきらめきの中に。それはあなたの〈自己〉のなかに見いだされます。まるで長いことどこかへ行っていた子どもを待つ母親のように、それはあなたの帰りを待っていたのです。

この世界はユーフィーリングから生じています。世界は私たちが生き、愛するためにあります。無数のかけらに分かれて心や物質の現象になる前、その深奥で世界は静止しています。その静寂をあなたは知っています。この本を読んでいるあいだに何度もそれを招き入れました。それはあなたのものです。それがあなたです。そこを棄ててしまわないでください。友達になって毎日訪れ、あなたの世界に連れてきてください。その存在と平和であなたを満たしてください。世界の不安や混乱の渦に巻き込まれることなく、静かな腕の中で安心していましょう。

友よ、あなたは私たちすべての内にある輝きを映し出す、最も尊い鏡なのです。おめでとう。そして、おかえりなさい。

## 無の物語——それはどのように世界を変えつつあるか

少年時代、私は第2次世界大戦後の日本に住んでいました。すべての少年が好きそうなことを私もやっていたのを覚えています。蜂をつかまえて瓶の中に入れてみたり、空き地に岩や枝で砦《とりで》をこしらえてみたり、寝転がってふんわりした雲が真っ青な空を流れていくのを眺めていたり。子どもの目は聖者の目です。でもすべては移り変わります。私がはじめてスピリチュアルな目覚めを体験したのはその頃でした。私は柔道の練習で打ちひしがれ、腹を立てていました。いらいらして憤慨しながら畳に座っていると、先生は肉体を制する気の使い方を教えてくれました。するとみるみる怒りが引き、内側が静けさに満たされたのです。私は喜びに圧倒されました。

思春期から青年期にかけて、ヨガや呼吸法や瞑想の本を読んで実践を重ねました。大学へ行き、結婚し、家庭を築いてからも私は子どもの目を保つことができました。1970年代はじめには超越瞑想の教師となり、マハリシ・マヘーシュ・ヨーギーの穏やかな指導のもと、創造的知性の科学（SCI）を学びました。SCIは、のちに私が心を超えた領域、純粋な気づきを深く探求する基盤となりました。

15年間、私はひたすらスピリチュアルな探求に深く打ち込みました。毎日3時間半の瞑想を欠かさず、それ以外の時間も霊的な修練を学んだり教えることに費やしました。フランスやスイスのアルプス山中で文字通り山ごもりし、数か月にわたる深い瞑想生活に専念したことも何度かあり、その静寂の期間は合わせて3年近くにもなりました。背後から私をこうした集中へと駆り立てたのは、最も尊く、それでいてまるでつかみようのない〝悟りの境地〟でした。私は強い意志と秘伝の厳しい修行によって悟れると信じていたのです。

この時期、数多くの深遠で意味深い霊的体験をしました。次第により微細な存在レベルと共鳴するようになっていったのです。天使の世界を学ぶことに時間を費やしたり、アセンデッド・マスターの教えに耳を傾けたりもしました。神の姿を見、それが形のない神の本質に溶けていくのを見ました。そして最終的に私は気づいたのです――あらゆるものがそこから生まれ、ふたたびそこへ溶け込んでいく、すべてに浸透する〝無〟すなわち純粋な気づきに。

気がつくと私はふたつの世界に引き裂かれていました。日々の競争世界と、この世ならぬ精妙な存在たちや静かな明け渡しの世界に。それは身体的にも精神的にも決して楽な時期ではありませんでした。形あるすべてに〝あちら側〟の澄んだ静寂がまたたきながら手招きしているとき、家族や仕事に集中するのは難しいことでした。

１９８０年代の終わり頃、瞑想法を学び実践している、ある小さな霊的探求者のグループと出会いました。このとき私は、肉体を持たない師である破壊神シヴァから教えを受け取り始めたのです。受け取った技法をグループに教え、皆でそれを練習し、それがほかの人たちにも広まっていきました。これらの技法はＱＥの前触れとなりました。私たちは癒したり、リーディングしたり、人々が平和を感じるように手助けしました。私はそこで7年間教えました。けれども自分の内側を見つめ、少しでも悟りに近づいているかどうか自問したとき、正直言って近づいたとは思えなかったのです。自分の生徒たちを見ても、癒しを行い、秘教的な修行に関心を持つ人はいましたが、明白な内的成長を示してはいませんでした。１９９０年代なかば、私はグループを去り、教えることをやめました。内側をもっと深く見つめ、苦しみから解放されるための人生の問いに答えを探すことにしたのです。

悟りのためにならないことは人生から取り除くことに決め、すべて手放しました。このプロセスは7年以上続きました。それは私の人生で最も苦しい時期でした。30年続いた結婚生活に終止符を打ち、自分の教えを捨て、カイロプラクティックの仕事をやめ、恋をし、失恋し、友人や家族からも離れて誰も知らない街に引っ越し、実質的にたったひとりになりました。『幸福を超えて』を書き始めたのはこの頃でした。

そのときわかったのは、いままで自分がしてきたことは何ひとつうまくいかなかった、ということです。新しい家で、ひとり行くあてもなく、私は重い病気になりました。長年のストレスと失望が積もりに積もって身体がついに悲鳴を上げ、来る日も来る日も陰鬱な暗い雲の下でベッドに横たわっているしかなかったのです。慢性疾患のためにすっかり衰弱して、はっきりものを考えることもできません。私は10か月のあいだ1行も書けませんでした。

この時期、深い深い闇の中で、それまで体験したどんなものとも違う強烈な目覚めがありました。それは夜の闇を照らす灯台のように鮮明でした。一瞬で洞察がひらめいたのです。何ひとつ動いてはいないこと、そして万物も思考もすべて純粋な気づきの動きのない反映だということ。実際、説明はできないものの、形は存在していません。形と動きはひとつであり、同じ動きのない空《くう》なのです。この体験をどう説明しようと頑張ってみても、笑ってしまうほど不十分でした。しかしこの認識を私が説明できようとできまいと、それは私の本質（私だけでなくすべての本質）である静寂の奥で共鳴しています。私が考え、活動し、愛し、泣くのも、ここからなのです。このとき、創造のメカニズムが私の意識に開示され始めました。そこからＱＥが生まれ、私は癒しを学んでいきました。

この認識の衝撃が私の中にしっかりと統合されるまでには何年もかかりました。事実、いまだに私はそのプロセスが展開しているのを見守っています。あたかもそれは、私が「自分」と呼んでいる純粋な気づきの反映が、見かけの時間の経過とともにゆっくり全体性に溶け込んでいくかのようです。そうして、起こそうとしなくても内から外へと静かに裏返っていく変容をただ見続けているのです。その間ずっと私は内なる平和と表面の波立ちの両方にいます。人生はそれまで通りですし、私は相変わらず苛立ち、怒り、悲しみ、幸せです。一時的に人間の条件にのみ込まれることはあっても、夏の雷雨のあとの初々しい草原のように、すぐにまた内なる静けさに戻ります。それでも、私の人生は（より正確に言うなら、この人生は）計り知れなくて、形も役目もなく、一切自由で……無なのです。

以前は、うまくいくことは何もないと自分に言い続けていました。でも、「何もない」がうまくいくとわかったのです。つまり純粋な気づきの〝無〟だけがうまくいくのです。それは何もないからです。瞑想しているときも、本を読んでいるときも、教えているときも、つねに私は苦しみから解放されることを目指していました。目的地があるかぎり、現在の自分に満足することはありません。わかりますか？ ゴールは道を作り、道はあなたを今いるところから引き離します。しかし私の認識は、純粋な気づきの〝無〟はどこにでも、いつでもあると示していました。言い換えれば、平和になるために行く場所も、すべきこともないのです。平和はあなたがいるところにすでにあるのですから。すでにあるものを手に入れることはできません。あなたに必要なのは、それがあるとただ気づくだけです。違いますか？ ゴールも道も、幻想です。それらは動きのない意識から心を引き離し、良い／悪い、正しい／間違い、はかない幸せと究極の苦しみ、という幻想の世界に引き込みます。

私の教えの核心はこうです。**純粋な気づきに気づくためにあなたがすることは何もありません。あなたはすでに純粋な気づきであり、それに気づけばいいだけです。**私が苦しみから自由になろうとして深く瞑想したり勉強に時間を費やしているとき、苦しみはいっそう深まるばかりでした。それは必要なかったのです。自由になるには純粋な気づきに気づくだけでよく、それはこの世界で最も簡単なことです。

あるとき、私はこの地球人類の窮状について静かに深く考えにふけっていました。昔から聖者や賢者などの先人たちが唱道してきたように、私たち人間の苦しみを内なる平和へと転換させるにはどうしたらいいのだろうかと。そして、なぜこれほど多くの人が内側の至福から目をそらし、外側を向いてつかの間の感覚的な喜びに飛びつこうとするのだろうかと考えていたのです。この単純な問いが、のちにQEと呼ぶことになる叡智へと私の意識を開きました。私はそのひらめきが自分のものだとも、自分がその問いを発したのだとも思っていません。実際には問いも答えもないのですが、その話はまた別の機会にしましょう。

私にわかったのは、私たちの気まぐれな心がまともに注意を向けるには、まず興味を引かれなければならない、ということです。そこで、心に「瞬間ヒーリング」という考えを与えました。ただしこれは最初のきっかけにはなりますが、問題は、心にとって純粋な気づきの〝無〟なんて少しも面白くないということでした。実際、純粋な気づきは身体感覚ではとらえられないし、頭で理解することもできません。ではどうすればいいでしょうか。私の試練は、心に体験できないものに興味を起こさせ、理解できないものを教えることでした。しかも心が身体との調和を感じるまで、心を純粋な気づきの無体験の状態に保っておく必要があります。心はきわめて落ち着きがないので、これはとても素速いプロセスでなくてはなりません。その答えはまさに天啓のように、ユーフィーリングという形で降ってきました。ユーフィーリングは、純粋な気づきの絶対的無活動と、衝動的でひっきりない思考活動とのあいだで心の調和を保ちます。ユーフィーリングは心を惹きつけ、ＱＥをする本人だけでなくパートナーの心もそこに保っておくことができます。それは最高に素晴らしい、実にユニークなアイデアでした。私は試してみるのが待ちきれませんでした。

この新しいプロセスを実際にやってみると、その癒しのスピードと深さに圧倒されました。次にそれを教える段になって、ＱＥのプロセスと同じように素速く簡単に、誰でもこれを身につけられることがわかりました。ＱＥを発見して数か月後、私は『瞬間ヒーリングの秘密』を書きました。そうすれば、世界中の人々が癒しのプロセスを通して、純粋な気づきの体験を学べるようになるからです。

いまこれを書いている時点で、『瞬間ヒーリングの秘密』のドイツ語版が自然療法と秘教のカテゴリーでそれぞれ一番の売れ行きです。本は口コミで広がり、そのうわさは広がり続けています。オーストリアやエストニア、ヨーロッパのみならず、オーストラリアからアンゴラまで、世界の多くの国々でこのＱＥの喜ばしい可能性が目を覚まし始めています。

ざっと見て、ＱＥが数年前に生まれたことを思えば驚異的な成長ぶりです。とはいえ驚くには値しません。なぜなら、ＱＥを発見して最初に私の心にあった意図のひとつが、ＱＥの速やかな広まりとこの世界の調和だったからです。ＱＥの未来は、私たちの世界のゆくえとも結びついているように見えます。世界平和、生態系の変化、貧困など、どれをとっても簡単な解決策はありません。少なくとも、問題を生み出したのと同じレベルの不調和な意識による働きかけでは解決しないことばかりです。不調和な思考は、必然的に不調和な行動となって現れます。

世界に調和をもたらす答えはそれぞれの問題の中にあるのでなく、私たち自身のまさに内側で、調和した本質を実感するところにあります。混沌とした無秩序な考えが知らぬ間に世界を衰退させてきたのですから、〈自己〉の輝きを育めばそれを癒すことができるのです。QEは世界が平和へと転換するために必要な、スピリチュアルな影響力を持つと信じています。そして私たちは、これまでごくわずかな孤高の先覚者だけが実現してきたことを、全体として成し遂げようとしています。私たちは〈自己〉とともにある平和な世界で、真の調和を反映するでしょう。

## 用語解説

**通常意識** Common Consciousness 〈自己〉あるいはユーフィーリングに気づいていない意識。エゴの恐怖と偏見に支配され、その意図がポジティブであるときもおおむね破壊的である。通常意識にある人は、自分が活動の源であって事物や思考の創造者だと感じている。この世界全般で優勢な意識状態。QE意識の反対語。

**エゴ** Ego ユーフィーリングに気づかないことで生じた、独立した個人という幻想。気づきのない心をコントロールする。エゴは恐れから生まれ、恐れにくじかれ、かつ恐れを糧にする。全体となってユーフィーリングと融合したいが、吸収されることが怖い。コントロールできないものを排除しようとする。もしすべてをコントロールできればエゴは全体になれると感じている。苦しみの主要な原因。時間、恐れ、エゴは同一である。エゴは幻想。QE意識は、エゴを壊すのではなく無限へと広げることによって、心に対するエゴの破壊的な影響を消し去る。

**エゴの勘違い** Mistake of Ego ユーフィーリングから乖離することで生じた空虚感を、ものや概念、あるいは感情のドラマによって埋めることができるというエゴの誤った考え。ユーフィーリングから離れて外へ向かう心の動き。

**ユーフィーリング** Eufeeling（Euphoric feeling「幸福感覚」から）ユーフィーリングとは全体性の知覚であり、心がとらえる最初の気づきの兆し。人間本来の自然な意識状態。ユーフィーリングには時間がなく、死もない。心はユーフィーリングを純粋な平和、静寂、喜び、共感、愛、幸福などとして認識する。純粋な気づきが創造するときに通過するレンズ。QE意識の基盤。ユーフィーリングと〈自己〉は同義語。

**純粋な気づき** Pure Awareness　始まりも終わりもない、不変の気づき。〝無〟の意識。思考がない状態、思考の隙間。人は純粋な気づきにあるとき、自分ではそうと気づかない。エネルギーや形を超えている。あらゆる事象は純粋な気づきから生じる、動きのない、存在しない幻想である。

**純粋なユーフィーリング** Pure Eufeeling　心に形をとる前に知覚されるユーフィーリング。純粋な気づきに意識的に気づいている体験。思考も感覚もなく、ただ気づいている状態。奇跡が創造される意識レベル。魚やパンや神聖な灰の物質化現象、病気の瞬間的治癒などが自然に起こる。個人の気づきとして最も純粋な意識状態。

**クォンタム・エントレインメント**（QE）Quantum Entrainment　直訳すると「量子の同調」。努力なしに通常意識を純粋な気づきへと導き、ユーフィーリングの気づきに定着させるプロセス。純粋な気づきの中で意識活動が止まったときに働く。

**ＱＥ意識** QE Awareness　活動しながらユーフィーリングに気づいている意識状態。因果律の縛りを超え、恐れと不調和から解放された意識。自分からではなく、自分を通して創造がなされるのを見る観察者となること。通常意識の反対語。

**ＱＥ意図** QE Intention　ユーフィーリングに気づいているときに願望が楽に叶うこと。感情的不調和や願望への執着をすばやく解消し、願望が物質次元で実現されるように創造の力を編成する。ふたたび内なる自己とひとつになって恐れから解放されたいという、根源的で最も奥深い望みを満たすこと。エゴのない願望。つねに願うよりも多くが与えられる。完璧な調和からの創造。根本的な創造の力と対立することはあり得ず、害を及ぼすこともない。

**〈自己〉** SELF　ユーフィーリングを参照。

**自己意識** Self-Awareness　ＱＥ意識を参照。

キンズロー・システム　ウェブサイトのご案内

フランク・キンズロー博士はクォンタム・エントレインメント（QE）の創始者かつ唯一の教師であり、書籍の執筆をはじめ、セミナーやワークショップ、講演その他の活動を通じてQEを世界に広めています。
キンズロー・システムとQEに関する最新情報は下記ウェブサイトをご参照ください。ウェビナー、オンラインのセッションやコーチング、そのほかさまざまな動画、イベント情報などが掲載され、随時更新されています。QEの書籍や教材も購入できます。メンバー登録やニューズレターの申し込みもこちらまで。

ウェブサイト　https://kinslowsystem.com
メール　info@kinslowsystem.com

著者

フランク・J・キンズロー Dr. Frank J. Kinslow

クォンタム・エントレインメント（QE）の創始者。長年にわたる悟りの探求と量子物理学を融合させ、「キンズロー・システム」として確立。意識をすみやかに深い休息から無の空間へ導くことで日常生活に癒しと調和をもたらすQEのシンプルな技法は、2007年に公表されて以来、またたくまに国境を越えて広がる。カイロプラクター、聴覚障害者のための教師、臨床スピリチュアル・カウンセリング博士。著書多数。邦訳書に『瞬間ヒーリングの秘密』『ユーフィーリング！』『クォンタム・リヴィングの秘密』『ユースティルネス』（いずれもナチュラルスピリット）。妻マルティナとともに米国フロリダ州サラソタに住む。
https://kinslowsystem.com

訳者

前田まりこ Mariko Maeda

20代前半を海外で過ごし、現在は教育関係の仕事に携わる。友人の影響でスピリチュアルな探求に興味を持ち、今に至る。書籍の翻訳は本書が初めて。趣味はウクレレと裁縫。

# 瞬間ヒーリングQEのすべて
キンズロー・システム実践ガイドブック

●

2023年4月19日　初版発行

著者／フランク・キンズロー
訳者／前田まりこ

装幀／斉藤よしのぶ
編集／秋田幸子

発行者／今井博揮
発行所／株式会社 ナチュラルスピリット
〒101-0051 東京都千代田区神田神保町3-2 高橋ビル2階
TEL 03-6450-5938　FAX 03-6450-5978
info@naturalspirit.co.jp
https://www.naturalspirit.co.jp/

印刷所／中央精版印刷株式会社


ISBN978-4-86451-430-9 C0011
落丁・乱丁の場合はお取り替えいたします。
定価はカバーに表示してあります。

●新しい時代の意識をひらく、ナチュラルスピリットの本

**瞬間ヒーリングの秘密**
QE：純粋な気づきがもたらす驚異の癒し
フランク・キンズロー 著
髙木悠鼓、海野未有 訳
QEヒーリングは、肉体だけでなく、感情的な問題をも癒します。「ゲート・テクニック」「純粋な気づきのテクニック」を収録したCD付き。
定価 本体各一七八〇円＋税

**クォンタム・リヴィングの秘密**
純粋な気づきから生きる
フランク・キンズロー 著
古閑博丈 訳
QEシリーズ第3弾。気づきの力を日常的な問題に使いこなし、人生の質を変容させる実践書。QEを実践する上でのQ&AとQE誕生の物語も掲載。
定価 本体各二四〇〇円＋税

**ユーフィーリング！**
内なるやすらぎと外なる豊かさを創造する技法
フランク・キンズロー 著
古閑博丈 訳
ヒーリングを超えて、望みを実現し、感情・お金・人間関係その他すべての問題解決に応用できる《QE意図》を紹介。
定価 本体各一八〇〇円＋税

**ユースティルネス**
何もしない静寂が、すべてを調和する！
フランク・キンズロー 著
鐘山まき 訳
人類の次なる進化を握るのは「何もしない」技法だ。無の技法、「何もしないこと」で、すべてがうまくゆく！ 悟りと覚醒をもたらす「静寂の技法」がここにある！
定価 本体各一八〇〇円＋税

**マトリックス・エナジェティクス**
リチャード・バートレット 著
小川昭子 訳
量子的次元とつながる次世代のエネルギー・ヒーリング法！「ツーポイント」「タイムトラベル」の手法で、たくさんの人たちが、簡単に「変容」できています。
定価 本体各一八〇〇円＋税

**奇跡の科学**
マトリックス・エナジェティクス2
リチャード・バートレット 著
小川昭子 訳
限界はない！「奇跡」を科学的に解明する！1作目『マトリックス・エナジェティクス』の驚くべきヒーリング手法をさらに詳しく紐解きます。
定価 本体各二六〇〇円＋税

**メディカル・ミディアム**
医療霊媒
アンソニー・ウィリアム 著
寺島裕美子 訳
慢性病や原因不明・治療法不明の病（ミステリー病）の予防と治療に関する膨大な知識と真に癒される方法を紹介する。
定価 本体各二九八〇円＋税

●新しい時代の意識をひらく、ナチュラルスピリットの本

## シータヒーリング

ヴァイアナ・スタイバル 著
シータヒーリング・ジャパン 監修
山形 聖 訳

自身のリンパ腺癌克服体験から、人生のあらゆる面をプラスに転じる画期的プログラムを開発。また、願望実現や未来リーディング法などの画期的な手法を多数紹介。

定価 本体各二九八〇円＋税

## 応用シータヒーリング

ヴァイアナ・スタイバル 著
栗田礼子、ダニエル・サモス 監修
豊田典子 訳

大好評の『シータヒーリング』の内容を更に進めた上級編！ 詳細な指針を示し、より深い洞察を加えていきます。

定価 本体各二八七〇円＋税

## シータヒーリング 病気と障害

ヴァイアナ・スタイバル 著
矢崎智子、長内優華 監修
豊田典子、ダニエル・サモス 訳

シータヒーリング的見地から見た病気とは？ 病気と障害についての百科全書的な書。すべてのヒーラーとクライアントにも役に立ちます。

定価 本体各三三〇〇円＋税

## エネルギー・メディスン

ドナ・イーデン
デイヴィッド・ファインスタイン 著
日高播希人 訳

東洋の伝統療法と西洋のエネルギー・ヒーリングを統合した画期的療法。エネルギー・ボディのさまざまな領域を網羅！

定価 本体各二九八〇円＋税

## エネルギー・コード

ドクター・スー・モーター 著
エリコ・ロウ 訳

スピリットを目覚めさせ、身体を癒し、最高の人生を生きる！ エネルギーを活性化する呼吸法や簡単で効果的な動作や瞑想、特別なヨガを紹介。

定価 本体各二七〇〇円＋税

## シグネチャーセル・ヒーリング

若さと活力の染色体を目覚めさせる！

カフー・フレッド・スターリング 著
和田豊代美 訳

7次元のスピリット・ガイド、キラエルのチャネラーが、キラエルから教えられたヒーリング法を伝授！

定価 本体各二八七〇円＋税

## ソマティック・エナジェティクス

身体のエネルギーブロックを解き放ち、「変容の波」に乗る

マイケル・マクブライド 著
TYA-TYA 監修
神川百合香

痛みや不調の根源は、蓄積された感情によるストレスと背骨を中心としたエネルギーの滞りだった！ 画期的なエネルギーワークで人生を変容させる！

定価 本体各三〇〇〇円＋税

お近くの書店、インターネット書店、および小社でお求めになれます。